그림으로 보는 정의로운 인물들

교과서에 나오는 한국사 인물

⊙ **사진 제공**
17쪽-일월오봉도(국립고궁박물관), 43쪽-곽재우 유물(문화재청), 54쪽-김만덕 객주터(김만덕 기념관),
76~77쪽-내부 전시실(김만덕 기념관), 94쪽-대한매일신보(문화재청), 115쪽-내부 전시실/기념관 전경(우당 기념관),
166쪽-해악전신첩(문화재청), 169쪽-청자 상감운학문 매병(문화재청), 171쪽-각종 청자(문화재청),
172쪽-백자 청화철채동채초충문 병(문화재청), 174~175쪽-신윤복 풍속화(국립중앙박물관),
177쪽-훈민정음 해례본(문화재청), 184쪽-각종 문화재(문화재청)

교과서에 나오는 한국사 인물
그림으로 보는 정의로운 인물들

개정판 1쇄 발행 2022년 5월 10일
개정판 3쇄 발행 2024년 11월 30일

글 황은희 왕홍식 김현숙 | **그림** 이미진

발행인 오형석
편집장 이미현 | **편집** 정은혜 | **디자인** 이희승
발행처 (주)계림북스
신고번호 제2012-000204호 | **등록일자** 2000년 5월 22일
주소 서울시 마포구 창전로 74 여촌빌딩 3층
대표전화 (02)7079-900 | **팩스** (02)7079-956
도서문의 (02)7079-913
홈페이지 www.kyelimbook.com

ⓒ 황은희 왕홍식 김현숙, 2022
이 책에 실린 글과 그림, 사진의 무단 전재나 복제를 금합니다.

ISBN 978-89-533-3461-8 74900 | 978-89-533-3457-1(세트)

교과서에 나오는 한국사 인물

그림으로 보는 정의로운 인물들

글 황은희, 왕홍식, 김현숙 | 그림 이미진

계림북스
kyelimbooks

역사 속 인물들과 함께 역사 여행을 떠나요!

역사는 아주 오랜 옛날부터 지금까지 살아온 사람들의 이야기예요. 우리에게 잘 알려진 인물부터 잘 알려지지 않은 사람들 모두가 역사의 주인공이지요. 그들은 온갖 어려움 속에서도 나라를 지켜 내고, 더 나은 세상을 만들기 위한 노력을 기울였어요. 그들이 살아온 삶이 모여 역사가 이어져 온 것이랍니다.

우리가 역사를 공부하는 것은 역사 속 인물을 만나는 과정이에요. 그들이 어떤 생각을 가지고 살아왔고, 그들이 꿈꾸었던 세상은 어떤 모습인지 찾아보는 것이지요. 역사 속 인물들의 업적을 만날 때마다 '나라면 어떻게 했을까?'라고 한 번씩 생각해 보세요. 그들의 삶을 보고 느끼면서 앞으로 어떤 삶을 살아야 할지 깨닫게 될 거예요.

   이 책은 초등학교 교과서에 나오는 역사 속 인물들을 중심으로 엮었어요. 시대를 이끈 인물들, 도전하는 인물들, 정의로운 인물들의 생생한 이야기가 담겨 있지요. 이들은 새로운 시대를 개척하고 더 나은 세상을 만들기 위해, 나눔을 실천하고 다른 사람들이 생각하지 못한 일을 먼저 생각해 냈어요.

   그런데 잠깐, 역사 속 인물들의 수많은 업적 뒤에는 묵묵히 자신들의 삶을 살아 낸 이름 없는 분들의 노력도 있지요. 그들 덕분에 곽재우가 의병을 일으켜 나라를 구하고, 김만덕이 제주 백성을 살리고, 이회영이 독립을 위해 싸우고, 유일한이 민족을 위해 일했지요. 또 전형필이 우리 것을 지켜 낼 수 있었고요.

   그럼 지금부터 역사 속 인물들이 들려주는 이야기를 들으며, 재미있고 의미 있는 역사 여행을 시작해 볼까요?

황은희, 왕홍식, 김현숙

차례

의병을 일으켜 나라를 구한 곽재우

- 큰 뜻을 품은 곽재우 ········· 12
  - 부잣집 아들로 태어났어요
  - 조식을 스승으로 모셨어요
  - 과거 합격이 취소됐어요
  - 임진왜란이 일어났어요

- 의병을 일으킨 곽재우 ········· 20
  - 북을 쳐 의병을 모집했어요
  - 첫 승리를 거두었어요
  - 총알이 날아가는 거리를 알다
  - 도적으로 몰렸어요
  - 김성일에게 도움을 받았어요

한걸음 더 전국 곳곳에서 일어난 의병의 활약 ········· 30

- 하늘에서 내린 홍의 장군 ········· 32
  - 정암진에서 전투가 시작되었어요
  - 여러 명의 홍의 장군
  - 싸우지 않고 현풍성을 되찾았어요
  - 벼슬에 뜻을 두지 않았어요
  - 세상의 근심을 잊고 조용히 지냈어요

한걸음 더 곽재우를 기리는 의령 충익사 ········· 42

나눔과 베풂을 실천한 김만덕

- 제주에서 태어난 김만덕 ········· 46
  - 어린 나이에 고아가 되었어요
  - 원하지 않는 기녀의 길을 가다
  - 양인 신분을 되찾았어요

- 큰 상인이 된 여인 ········· 52
  - 포구에 객주를 열었어요

한걸음 더 조선 시대 객주란? ········· 54
  - 제주의 큰 상인이 되었어요
  - 믿음을 바탕으로 장사의 원칙을 세웠어요

- 제주를 살린 김만덕 ········· 60
  - 흉년에 제주 백성이 죽었어요
  - 전 재산을 털어 500석의 쌀을 풀었어요
  - 우리를 살린 이는 김만덕이로다
  - 정조가 김만덕의 선행을 들었어요

- 김만덕의 평생의 꿈 ········· 68
  - 벼슬을 받고 임금님을 만났어요
  - 금강산 여행을 떠났어요
  - 한양에 이름이 널리 알려졌어요
  - 역사의 인물로 길이 빛나다

한걸음 더 김만덕 기념관 ········· 76

전 재산을 팔아 독립운동을 한 이회영

- 신학문을 배우다 ···················· 80
  - 조선 최고의 명문가의 아들로 태어났어요
  - 육 형제가 서로 화합했어요
  - 노비에게 존댓말을 썼어요
  - 친구이자 동지인 이상설을 만났어요

- 구국 운동에 앞장서다 ···················· 88
  - 청년 학원을 열었어요
  - 을사늑약이 체결되었어요
  - 헤이그에 비밀 특사를 보냈어요
  - 신민회가 만들어졌어요

- 만주로 떠나다 ···················· 96
  - 육 형제, 가족회의를 열었어요
  - 전 재산을 팔고 만주로 떠났어요
  - 경학사를 만들고 신흥 강습소를 세웠어요

한걸음 더 독립군을 키우는 신흥 무관 학교 ··· 102

- 독립운동에 앞장서다 ···················· 104
  - 고종 황제 망명 정부를 추진했어요
  - 독립운동 방법에 대해 고민했어요
  - 이회영의 집은 독립운동가의 사랑채
  - 다물단과 흑색공포단을 지휘했어요
  - 마지막 길, 만주로 떠나다

한걸음 더 우당 기념관을 찾아서 ···················· 114

전 재산을 사회에 돌려준 기업가 유일한

- 머나먼 땅 미국으로 떠나다 ·················· 118
  - 아버지의 희망
  - 낯선 미국 땅에 도착했어요
  - 한인 소년병 학교에 다녔어요
  - 헤이스팅스에서 유명한 학생이 되었어요

- 미국에서 성공한 사업가가 되다 ·················· 126
  - 고민에 빠졌어요
  - 한인 자유 대회에 참가했어요
  - 숙주나물을 판매했어요
  - 라초이 식품 회사를 세웠어요

- 민족의 기업, 유한양행을 세우다 ·················· 134
  - 한국으로 돌아왔어요
  - 유한양행, 민족의 기업으로 우뚝 서다

한걸음 더 OSS와 냅코 작전 ·················· 138
  - 정치 자금을 거부했어요

- 존경받는 기업인이 되다 ·················· 142
  - 전문 경영인에게 회사를 맡겼어요
  - 우리나라의 희망은 젊은이에게 있다
  - 유일한의 유언장과 그가 남긴 물건

한걸음 더 유일한 기념관을 찾아서 ·················· 148

우리 문화유산 지킴이 전형필

- **큰 뜻을 품다** ········· 152
  - 서울 부잣집 아들로 태어났어요
  - 예술과 운동을 좋아하고 책을 즐겨 읽었어요
  - 일본으로 유학을 떠났어요
  - 오세창 선생을 만났어요
  - 큰 뜻을 세웠어요
  - 많은 재산을 물려받았어요

- **문화유산 수집에 온 힘을 기울이다** ········· 164
  - 한남서림을 통해 문화유산을 모았어요
  - 아궁이에서 건진 정선의 그림
  - 천 마리 학이 날다
  - 영국인에게서 고려청자를 사들였어요

- **간송이 지킨 것은 우리의 정신이었다** ········· 172
  - 경매장에서 한판승을 거두었어요
  - 신윤복의 그림을 찾아왔어요
  - 〈훈민정음 해례본〉을 목숨 걸고 지켜 냈어요

한걸음 더 간송이 지킨 보물 ········· 178
  - 우리 모두 문화유산 지킴이가 되어요!

한걸음 더 민족의 얼이 담긴 간송 미술관 ········· 182

〈부록〉 정의로운 인물들 연보

임진왜란 때 '나라를 구한 장군' 하면 누가 떠오르나요? 네, 바로 이순신 장군이지요. 그런데 일본군을 물리치는 데 이순신 못지않은 큰 공을 세운 인물이 또 있어요. 바로 곽재우와 의병들이에요. 곽재우는 자신의 전 재산을 내놓고, 붉은 옷을 입고 동에 번쩍 서에 번쩍 나타나 일본군을 무찔렀어요. 사람들은 그를 '홍의 장군'이라 불렀지요. 뛰어난 전술로 일본군을 물리친 곽재우와 의병에 대해 알아보아요.

의병을 일으켜 나라를 구한 곽재우

큰 뜻을 품은 곽재우

부잣집 아들로 태어났어요

곽재우는 1552년 경상도 의령에 있는 외갓집에서 태어났어요. 아버지는 후에 목사ㆍ관찰사 벼슬을 지낸 곽월이에요. 외할아버지는 목사 벼슬을 지냈고 의령에서 대대로 살아온 부자였어요. 곽월은 외동딸인 아내를 위해 처가가 있는 의령으로 이사를 왔어요. 셋째 아들인 곽재우는 부모님의 기대와 사랑 속에서 형제들과 함께 자랐어요. 하지만 어머니 강 씨는 곽재우가 세 살 때 세상을 떠났어요.

★**목사** 조선 시대에 관찰사 밑에서 목을 맡아 다스리던 벼슬이에요.
  조선 시대에 지방은 도 밑에 부-목-군-현에 관리를 보내 다스렸어요.
★**관찰사** 조선 시대에 도를 다스렸던 벼슬이에요.

의병을 일으켜 나라를 구한 곽재우

그 후 아버지는 다시 결혼하였어요. 새어머니는 곽재우 삼 형제와 누이를 자기가 낳은 자식들과 똑같이 정성을 다해 키웠어요. 그렇게 자란 곽재우와 형제들은 효심을 다해 어머니를 모셨지요.

곽재우가 자라자 아버지는 아들에게 글을 가르쳤어요. 글을 깨우친 곽재우는 어린 시절 보리사라는 절에 들어가 공부를 했어요. 그리고 그곳에서 1천여 권의 책을 읽었다고 해요.

이것으로 1,001권째!

이게 다 몇 권이냐?

조식을 스승으로 모셨어요

곽재우는 외할아버지의 친구인 남명 조식 밑에서 공부하게 되었어요. 남명 조식은 퇴계 이황과 더불어 수많은 제자를 길러 낸 조선 시대 최고의 학자였지요. 조식은 벼슬을 거부하고 지리산 아래 살면서 날카로운 글로 왕과 벼슬아치들을 비판했어요. 곽재우는 스승의 정신과 함께 실천의 중요성을 마음속 깊이 새기며 열심히 공부했어요. 그런 제자를 유심히 본 스승은 곽재우를 외손녀의 신랑으로 삼았지요. 곽재우는 존경하는 스승의 손녀사위가 되었어요.

조식 선생은 일본군이 침략해 올까 늘 걱정했어요. 그러던 어느 날 제자들에게 일본군이 쳐들어오면 어떻게 할 거냐고 물었지요.
"붓과 책을 던지고 칼과 창을 들고 나가서 싸울 것입니다."
제자들의 대답에 조식 선생은 매우 흐뭇해했어요. 곽재우는 스승의 영향으로 18세 때부터 활쏘기와 말타기를 익히고 병법★도 공부했지요. 뒷날 임진왜란이 일어났을 때 곽재우가 의병을 일으키게 된 데에는 스승의 영향이 컸어요.

★**병법** 전쟁에서 전투를 벌이는 방법이에요.

과거 합격이 취소됐어요

1578년, 곽재우는 사신으로 가는 아버지를 따라 명나라에 갔어요. 그는 조선보다 훨씬 큰 명나라를 보고 놀랐지요. 명나라에 다녀온 후 곽재우는 열심히 공부하여 34세에 과거에 2등으로 합격했어요. 그러나 그가 쓴 답안 내용이 문제가 되었어요.

"왕은 학문과 무예를 겸비해야 한다. 그렇지 않으면 나라가 위태롭다."

곽재우의 답안을 본 선조 임금은 화가 나서 그해 과거 시험 합격자의 합격을 모두 취소시켜 버렸어요.

"과거 같은 건 다시 보지 않겠다."

곽재우는 크게 실망했어요. 당시 조정은 신하들이 여러 당파로 나뉘어 서로 싸우고 있었어요. 말 한마디에 목숨을 잃을 수도 있는 시대였지요.

의병을 일으켜 나라를 구한 곽재우

곽재우는 마음을 정리하고 고향으로 돌아왔어요. 그런데 불행은 계속되어 다음 해에 아버지가 세상을 떠났지요. 곽재우는 조상 대대로 살아오던 현풍으로 가 삼년상을 치르고 다시 의령에 왔어요. 곽재우가 어릴 때 돌아가신 어머니는 물론 새어머니 집안도 의령의 큰 부자였어요. 두 어머니는 모두 외동딸이었기 때문에 외가의 재산을 아버지가 물려받았고 재산은 다시 곽재우에게 이어졌어요.

★**삼년상** 부모가 돌아가신 후 3년 동안 상복을 입고 상을 치르는 일이에요.

임진왜란이 일어났어요

곽재우가 41세 되던 1592년에 나라가 발칵 뒤집혔어요. 도요토미 히데요시의 명령을 받은 일본군이 조선을 침략하여 임진왜란이 일어난 것이에요. 새로운 무기인 조총을 앞세운 일본군에게 조선군은 너무 쉬운 상대였어요. 일본군이 침략하자 백성들을 보호해야 할 조선의 군대와 관리들은 허둥지둥 도망가기에 급급했지요.

관군이 연이어 패하면서 일본군이 조선에 쳐들어온 지 불과 20여 일 만에 한양을 빼앗기고, 선조는 의주로 피란을 갔어요. 일본군의 침략을 전해 들은 곽재우는 현풍에 있는 어머니와 형을 찾아갔어요.

의병을 일으켜 나라를 구한 곽재우

"형님, 왜적이 쳐들어오면 사당에 불을 지르고 묘도 파헤칠 것입니다."

곽재우와 형제들은 삽을 들고 묘를 헐어 평평하게 만들었어요. 그리고 어머니를 산골로 피신시켰지요. 집으로 돌아온 곽재우는 가족과 하인을 한자리에 모았어요.

"나는 왜적을 치러 나갈 것이다. 너희도 내 뜻을 따르도록 하라!"

곽재우는 붉은 비단으로 만든 군복을 입고 이불을 찢어 '천강 홍의 장군'이라 적은 깃발을 만들었어요. '하늘에서 내린 붉은 옷의 장군'이라는 뜻이지요.

의병을 일으킨 곽재우

북을 쳐 의병을 모집했어요

1592년 4월 22일, 곽재우는 마을에 있는 큰 정자나무에 북을 매달았어요. 그리고 있는 힘을 다하여 북을 치기 시작했지요. '둥둥둥' 북소리가 크게 울려 퍼지자 마을 사람들이 놀라서 몰려들었어요.

"여러분, 왜적이 우리 마을에 언제 쳐들어올지 모릅니다. 그러나 무섭다고 도망가는 것은 사는 길이 아니라 모두가 죽는 길입니다. 그러니 우리 모두 목숨을 걸고 싸워서 우리 마을과 나라를 지킵시다."

하지만 곽재우가 처음 의병을 일으킬 때는 그를 따르는 사람이 많지 않았어요.

"수령과 관군도 도망갔는데 우리가 무슨 수로 싸워?"

곽재우는 먼저 자신의 곳간을 열어 의병들을 배불리 먹였어요. 그리고 전 재산을 의병 활동에 내놓았지요. 이 소식이 널리 퍼지면서 곽재우를 따르는 의병은 차츰 늘어났어요.

첫 승리를 거두었어요

곽재우 의병 부대의 주요 활동 지역은
기강(경남 의령군)이었어요. 그들이 자라 온 생활 터전이라 주변의 지형을 잘
알고 있었기 때문이에요. 또한 기강은 낙동강과 진주를 끼고 흐르는 남강이
만나는 교통의 요지예요. 1592년 5월 18일, 곽재우는 일본군이 낙동강을
가기 위해 반드시 기강 나루를 지나갈 것이라 생각했지요. 곽재우와
의병들은 강폭이 좁아지는 강물 속에 나무 말뚝을 박은 다음 밧줄로
엮었어요.
"장군님, 왜선 11척이 강을 거슬러 기강 나루로 오고 있습니다."
곽재우와 의병들은 갈대숲과 강둑에 숨어 일본군 배를 기다렸어요.

의병을 일으켜 나라를 구한 곽재우

이런 상황을 모르는 일본군 배는 물속 장애물에 걸렸고, 배들이 서로 부딪쳐 꼼짝달싹 못 하게 되었어요.
"공격하라!"
곽재우의 첫 공격 명령이 떨어졌어요. 의병들은 일본군을 향해 일제히 활을 쏴 적들을 모두 물리쳤어요. 승리 소식이 전해지자 사람들이 속속 곽재우의 의병 부대에 모여들었어요.

총알이 날아가는 거리를 알다

곽재우의 의병 부대가 첫 전투에서 승리할 수 있었던 것은 뛰어난 전술과 그들이 살아왔던 기강 근처의 지리와 지형을 잘 알고 있었기 때문이에요. 하지만 곽재우 의병이 싸워야 할 상대는 조총으로 무장한 일본군이었지요. 조총의 성능을 몰랐던 곽재우는 기강 전투 때 조총의 총알이 떨어진 위치를 유심히 살펴보았어요. 그리고 조총의 사정거리가 70보 이내라는 것을 알게 되었지요.

★**사정거리** 총알이 날아가는 곳까지의 거리를 뜻해요.

의병을 일으켜 나라를 구한 곽재우

"왜적들과의 거리는 70보 이상만 떨어지면 된다. 이렇게 숨어서 싸우면 왜적들의 조총이 무슨 소용이 있겠느냐? 적이 약하면 그냥 치고, 적이 강하면 숨어야 한다. 알겠느냐?"
곽재우는 작전을 잘 세우고 조총의 총알이 날아오는 거리 밖에서 싸우면 일본군과의 전투에서 승리할 수 있다는 자신감이 생겼어요.

도적으로 몰렸어요

곽재우의 승리 소식에 의병에 지원하는 사람들이 늘면서 식량이 부족했어요. 곽재우와 의병들의 고민이 커져 갔지요. 가까운 친척들에게 얻기도 했지만, 그마저 오래가지 못했어요. 곽재우는 관아에 있는 쌀이 생각났어요. 일본군이 쳐들어오자 겁을 먹은 수령과 관군들은 관아를 버리고 달아났지요. 그냥 두면 귀중한 쌀이 일본군의 손에 들어갈 수도 있었어요.

"즉시 쌀을 옮겨라. 그리고 관아의 무기를 의병에게 지급하라."

그런데 관아의 무기와 쌀을 가져온 것이 큰 문제가 되었어요. 경상 감사는 곽재우를 관아의 쌀을 훔친 도적이라 하여 군사를 보내 체포하려 했어요.

의병을 일으켜 나라를 구한 곽재우

곽재우 역시 경상 감사가 싸우지도 않고 백성들과 관아를 버리고 도망갔다고 비난했지요. 둘 사이의 갈등이 커지면서 의병들의 마음이 흔들렸고 떠나는 사람들도 있었지요. 곽재우 의병이 무너진다는 소문이 꼬리를 물고 퍼져 나갔어요.

★감사 조선 시대에 각 도를 다스렸던 벼슬(관찰사)이에요.

김성일에게 도움을 받았어요

이때 조정에서 보낸 초유사 김성일이 도착했어요. 김성일은 경상 감사가 전쟁이 일어나자 달아났다는 사실과, 곽재우가 전 재산을 털어 의병을 일으켜 일본군과 싸우고 있다는 사실을 알게 되었지요. 김성일은 곽재우와 의병을 지원하는 일에 발 벗고 나섰어요.

"의병을 해산하지 말고 경상우도를 끝까지 지켜 주시오. 모든 책임은 내가 지겠소."

경상우도 의병 대장 곽재우는 바람 앞의 등불처럼 위태로운 나라를 지켜 주었기에 이를 격려함. -초유사 김성일-

★**초유사** 백성의 안정을 위해 파견되는 벼슬이에요.
★**경상우도** 경상도를 좌우로 나누어 낙동강 동쪽을 경상좌도, 서쪽을 경상우도라 하였어요.

의병을 일으켜 나라를 구한 곽재우

김성일은
곽재우를 만나 간곡히 부탁했어요.
그리고 곽재우와 의병을 믿는다는 격려문을 써
주었지요. 곽재우는 김성일에게 받은 격려문을 깃대에
달았어요. 이 소식을 들은 의병들은 다시 곽재우에게 모여들었지요.
김성일의 도움으로 이웃 고을 의병과도 합칠 수 있었어요. 곽재우가 이끄는
의병은 규모가 엄청나게 커졌지요. 곽재우는 의병 부대를 효과적으로
운영하기 위해 18개 지휘부로 나누고 장군을 뽑아 조직을 갖추었어요.

전국 곳곳에서 일어난 의병의 활약

관군이 계속 일본군에 패배하자 마을을 지키고 나라를 구하려고 나선 사람들이 있었어요. 그런 사람들을 '의병'이라고 해요. 의병은 양반부터 천민에 이르기까지 신분이 다양했어요. 하지만 의병은 수가 적었고 무기도 변변치 못했지요. 게다가 군사 훈련도 제대로 받지 못한 사람들이었어요.

그런데 의병들이 조총으로 무장한 일본군을 어떻게 상대했을까요? 의병들은 일본군과의 정면 대결을 피했어요. 대신 평소에 잘 알고 있던 지리를 이용한 치고 빠지는 기습 전술, 숨어 있다가 일제 공격하는 전술로 일본군들을 혼란에 빠트렸지요.

의병들이 곳곳에서 승리하자 관군들도 다시 군대를 정비해서 일본군을 공격하였어요. 진주 목사 김시민도 관군을 이끌어 의병들과 함께 진주성 전투에서 승리하였지요. 그 외에 전국 곳곳에서 의병들이 일어났고 승려들도 군대를 만들어 일본군을 물리치는 데 큰 역할을 하였어요.

★**정비** 흐트러진 조직을 질서 있게 바로잡는 것을 말해요.

하늘에서 내린 홍의 장군

정암진에서 전투가 시작되었어요

일본군은 전라도 곡창 지대를 차지하려 하였으나 이순신 장군이 이끄는 조선 수군에 막히게 되었어요. 그러자 전라도로 가는 길목인 의령으로 일본군 2천여 명을 보냈지요.

1592년 5월 24일, 일본군 선발대가 먼저 의령으로 가는 길목인 정암진에 도착했어요. 그런데 정암진 부근은 강을 따라 길게 늪지대가 이어져 있었지요. 일본군은 강을 건널 지점을 정하고, 늪지대를 피해 마른 땅을 따라 깃발을 꽂아 표시하기 시작했어요.

의병을 일으켜 나라를 구한 곽재우

곽재우와 의병들은 숨어서 일본군을 지켜보고 있었어요. 밤이 깊어지자 곽재우는 날랜 의병들을 보내 깃발을 뽑아 늪지대로 옮겨 꽂았지요. 날이 밝자 일본군 선발대는 깃발을 따라가다 늪지대에 빠져 오도 가도 못하게 되었어요.

"공격하라! 왜놈들을 한 명도 살려 주지 마라!"

갈대숲과 언덕에 숨어 있던 의병들이 일제히 나와 화살을 퍼부었어요. 허우적거리던 일본군은 속수무책으로 당할 수밖에 없었지요.

★**선발대** 먼저 출발하는 무리를 일컬어요.

여러 명의 홍의 장군

일본군은 곧 군대를 정비하고 다시 공격해 왔어요. 곽재우와 의병들은 또다시 일본군을 기습했어요. 그리고 곽재우는 자신과 비슷한 체격의 장수 10여 명에게 붉은 옷을 나눠 주고 후퇴를 시켰어요. 의병들이 도망가자 일본군은 조총을 쏘며 쫓아갔지요. 의병들은 산으로 올라가 곳곳에 숨었어요. 일본군이 산길로 접어들자 일제히 화살을 쏘았지요. 그때 저 멀리서 홍의 장군이 나타났어요.

의병을 일으켜 나라를 구한 곽재우

으하하!

어이구!

"저기 홍의 장군이 나타났다. 저놈을 잡아라!"
일본군은 홍의 장군이 나타난 곳으로 우르르 달려갔어요.
그러자 이번에는 다른 숲에서 홍의 장군이 나타났지요.
홍의 장군이 동에 번쩍 서에 번쩍 하자 일본군은 마치 귀신을 보는 듯 벌벌 떨었어요. 의병들은 때를 놓치지 않고 일제히 공격하여 일본군을 무찔렀지요. 홍의 장군의 이름은 널리 퍼졌고, 일본군은 붉은 옷을 입은 군대를 만나면 먼저 피하라는 명령을 받았어요. 정암진 전투에서 승리를 거둔 곽재우는 그 공을 인정받아 벼슬을 받았어요. 정암진 전투는 의병이 일본군과 싸워 곡창 지대인 전라도를 지켜 낸 전투이지요.

싸우지 않고 현풍성을 되찾았어요

일본군은 많은 군사를 잃고 현풍으로 이동하며 백성에게 조총을 쏘고 집에 불을 질렀어요. 곽재우와 의병들은 현풍으로 달려갔지요. 홍의 장군 곽재우가 온다는 말에 일본군은 성문을 굳게 닫고 싸우려 하지 않았어요. 곽재우는 성을 마주 보는 앞산과 뒷산에 의병을 배치했어요. 그리고 가지가 대여섯 개씩 달린 나무를 구해 솜을 감도록 했지요. 캄캄한 밤이 되자 곽재우는 나뭇가지에 불을 붙이게 했어요. 그랬더니 횃불을 든 의병 한 사람이 마치 대여섯 명인 것처럼 보였지요.

의병을 일으켜 나라를 구한 곽재우

마주 보는 산에 있던 의병들은 번갈아 가며 횃불을 들고 소리를 질렀어요.
일본군의 눈에는 수많은 군사가 성을 둘러싼 것처럼 보였지요.
"홍의 장군이 여기 있다. 내일 성을 함락하고 너희를 모두 죽이겠다."
일본군은 벌벌 떨며 성을 빠져나갔어요. 날이 밝자 일본군은 다 도망가고
성은 텅 비어 있었지요.
곽재우의 뛰어난 전략으로 싸우지
않고도 성을 되찾을 수 있었어요.

분하다.

너무 많아.

벼슬에 뜻을 두지 않았어요

한편, 의주로 피란 간 선조는 명나라에 구원을 요청했어요. 명나라는 중국까지 전쟁이 확대되는 것을 막기 위해 군대를 보냈지요. 의병의 활약과 조선과 명의 연합군의 반격으로 일본이 차츰 물러났지만 전쟁은 길게 이어졌어요. 오랜 전쟁과 흉년이 겹치면서 백성들의 고통은 점점 커졌어요. 그런데도 조정은 여전히 당파 싸움에 정신이 없었지요. 1596년에 이몽학은 무능한 조정에 반발하여 충청도 일대에서 사람들을 모아 봉기를 일으켰으나 실패했어요. 그런데 이 사건으로 곽재우를 비롯하여 몇몇 의병장들이 역모를 꾀하였다고 하여 체포되었어요.

의병을 일으켜 나라를 구한 곽재우

곽재우는 죄가 없어 곧 풀려났으나 절친한 사이인 의병장 김덕령은 누명을 쓴 채 억울하게 죽었어요. 김덕령의 죽음은 곽재우를 비롯한 의병들에게 큰 충격이었지요. 뜻있는 선비와 백성은 모두 숨어 버리면서 의병이 해체되었어요. 곽재우도 벼슬에 뜻을 두지 않고 고향으로 내려갔지요.

★**봉기** 많은 사람들이 떼 지어 세차게 들고일어남을 뜻해요.
★**역모** 나라나 임금을 배반하는 일이에요.

세상의 근심을 잊고 조용히 지냈어요

1597년, 명나라와 일본의 화의가 실패하자 일본군이 다시 침략하려 하였어요. 선조는 곽재우에게 경상좌도를 지키는 벼슬을 내렸지요. 곽재우는 나라의 위기가 다시 찾아오자 어쩔 수 없이 관직에 나아갔어요. 그리고 일본군의 침략을 대비해서 산성을 정비하였어요. 다시 전쟁이 일어나자 곽재우는 산성을 방어하는 등 많은 공을 세웠지요.

의병을 일으켜 나라를 구한 곽재우

조용히 혼자 지내고 싶구나.

그러던 중 어머니가 돌아가시자 곽재우는 장례를 지낸 후 강원도로 가서 삼년상을 지냈어요. 곽재우에게 몇 차례 벼슬이 내려졌지만, 상중이라 모두 거절했어요. 전쟁이 끝난 뒤에도 병을 핑계로 벼슬에 나아가지 않았고, 할 수 없이 벼슬에 나아가도 곧 그만두었지요. 곽재우는 낙동강이 보이는 강가에 '망우정'을 짓고 조용히 살았어요. 망우정이란 '세상의 근심을 모두 잊고 살겠다.'라는 의미로, '망우당'이라는 그의 호도 여기에서 나온 것이에요. 곽재우는 망우정에서 66세의 나이에 조용히 세상을 떠났어요.

곽재우를 기리는 의령 충익사

경상남도 의령은 곽재우와 의병들의 이야기에서 빼놓을 수 없는 곳이에요. 홍의 장군 곽재우가 태어난 곳일 뿐만 아니라 임진왜란 때 곽재우와 의병들이 활약한 곳이기도 하지요. 그래서 의령에서는 '홍의 장군' 곽재우를 형상화하여 공식 마스코트를 만들었어요.

충익사
위치 경남 의령군 의령읍 충익로 1
전화 055-573-2629
관람료 무료

ⓒ문화재청

임진왜란 당시 곽재우가 사용했던
장검, 대접 등이 충익사에 소장되어 있어요.

충익사는 곽재우와 그를 따르던 17명의 장군 그리고 이름 없이 죽어 간 의병들을 모신 사당이에요. 충익사를 둘러보면서 곽재우와 의병들을 기억하는 시간이 되었으면 좋겠어요. 매년 6월 1일을 국가 기념일인 '의병의 날'로 정하여 그분들의 정신을 기리고 있어요. 6월 1일인 이유는 곽재우가 의병을 일으킨 음력 4월 22일을 양력으로 계산하여 나온 날이기 때문이에요.

그렇단다.

장군님이 지킨 곳인가요?

세계 최고의 부자 빌 게이츠, 워런 버핏이 사람들에게 존경을 받는 이유가 무엇일까요? 그저 돈이 많아서일까요? 아니에요. 그들은 버는 만큼 나누어야 한다는 생각을 하고 있기 때문이에요.

우리 역사에도 이런 나눔을 실천한 사람이 있어요. 200여 년 전, 조선의 남쪽 끝 제주도에 살던 김만덕이 바로 그런 인물 중 한 명이에요. 나누는 삶을 살았던 김만덕에 대해 알아보아요.

나눔과 베풂을 실천한 김만덕

제주에서 태어난 김만덕

어린 나이에 고아가 되었어요

김만덕은 1739년에 상인이었던 아버지 김응렬과 어머니 고 씨 사이에서 2남 1녀 중 막내로 태어났어요. 아버지는 육지로 가서 제주의 미역, 전복, 감귤 등을 팔고 그 돈으로 육지의 쌀을 사다 제주에 파는 상인이었지요. 비록 넉넉한 집은 아니었지만, 김만덕은 부모님 밑에서 두 오빠의 사랑을 받으며 자라났어요. 어린 만덕은 자라면서 부모님처럼 자신도 평범한 삶을 살 것이라고 생각했지요.

나눔과 베풂을 실천한 김만덕

하지만 만덕의 삶은 평범하지 못했어요. 만덕이 11세가 되던 해에 풍랑으로 아버지를 잃었지요. 불행은 연이어 찾아왔어요. 몇 달 뒤 마을에 전염병이 돌아 많은 사람이 죽었고, 몸과 마음이 약해진 만덕의 어머니도 전염병을 피해 가지 못했어요. 어린 나이에 부모를 잃고 만덕과 두 오빠는 하루아침에 고아가 되었지요. 삼 남매는 먹을 것이 없어 양반집 쓰레기를 뒤져 가며 살았어요. 친척들은 일할 나이가 된 두 오빠를 데리고 갔어요. 뿔뿔이 흩어진 삼 남매는 각자 제 살길을 찾아야 했지요.

원하지 않는 기녀의 길을 가다

만덕은 12세의 어린 나이에 홀로 지내게 되었어요. 마침 근처에 살던 기녀의 도움으로 만덕은 그곳에서 심부름을 하며 지내게 되었지요. 비록 만덕은 신분이 낮은 기녀의 심부름을 하며 먹고사는 처지였지만 영리하고 부지런했어요. 만덕이 마음에 든 기녀는 만덕을 자신의 수양딸로 삼았지요. 그렇게 만덕은 관아의 기녀 명단에 이름을 올리게 되었어요. 관아에 속한 노비가 된 것이에요.

★**기녀** 노래와 춤, 악기를 익힌 관아에 속한 노비를 말해요. 기생이라고도 하지요.
★**수양딸** 남의 자식을 데려다가 자기 자식처럼 기른 딸이에요.

나눔과 베풂을 실천한 김만덕

기녀가 된 만덕은 틈틈이 춤과 노래를 익혔어요. 특히 거문고 연주 솜씨가 뛰어났다고 해요. 얼굴도 아름다워 만덕의 이름은 제주는 물론이고 육지까지 알려질 정도였지요. 그러나 만덕의 마음은 늘 편하지 않았어요. 비록 기녀의 삶을 살고 있으나 만덕은 자신을 기녀라고 생각하지 않았어요. 왜냐하면 기녀의 삶을 스스로 택한 것이 아니었기 때문이에요. 만덕은 늘 자신이 양인이라는 사실을 잊지 않았어요.

★**양인** 조선 시대 신분 제도에서 천민(노비 등)이 아닌 사람을 이르는 말이에요.

양인 신분을 되찾았어요

김만덕은 힘든 시절을 보내며 검소하게 살았고 돈을 어느 정도 모을 수 있었어요. 하지만 기녀였기 때문에 다른 평범한 양인 여인처럼 사는 것이 불가능했지요. 더욱이 오빠와 친척들이 기녀인 자신으로 인해 천민 대접을 받는다는 소식에 늘 괴로웠어요.

'그래, 더는 기녀로 살고 싶지 않아!'

김만덕은 자신의 앞날을 스스로 개척해야 한다고 생각했어요.

나눔과 베풂을 실천한 김만덕

스무 살이 넘은 어느 날, 김만덕은 관아에 직접 찾아가 자신의 처지를 울면서 간절하게 말했어요.
"저는 원래 양인이었습니다. 부모를 잃고 먹고살기 위해 어쩔 수 없이 기녀가 된 것입니다. 이제 소녀의 신분을 양인으로 되돌려 주시옵소서."
여러 차례 이어진 간절한 호소★에 제주 목사는 김만덕을 불쌍하고 가엾게 여겨 양인으로 신분을 되돌려 주었어요. 이때 김만덕의 나이는 23세였어요.

★**호소** 억울한 사정이나 상황을 강하게 표현하는 거예요.

이제 소녀의 신분을 양인으로 되돌려 주시옵소서.

큰 상인이 된 여인

포구에 객주를 열었어요

양인의 신분을 되찾은 김만덕은 자신의 삶을 스스로 개척해 나가기 시작했어요. 기녀 생활을 하며 한 푼 두 푼 모은 돈으로 제주 건입 포구★ (지금의 제주항)에 객주를 차렸지요. 건입포는 오랫동안 육지와 제주를 연결하는 교통의 중심지였어요. 그리고 제주 관아와 가까워 장삿배에서 관아의 배에 이르기까지 많은 배가 드나드는 곳이었지요. 김만덕의 객주는 건입포 입구에 자리하여 제주를 드나드는 사람들이 모두 거쳐 가는 곳이었어요. 그야말로 명당이었지요.

★ 포구 강이나 바닷가에 배가 드나드는 곳을 말해요.

당시 객주는 상인들에게 음식을 팔고 잠자리를 제공하는 주막의 역할만 하는 곳이 아니었어요. 물건을 맡아 팔아 주기도 하는 중개 상인이었지요. 김만덕은 객주를 운영하며 기녀 시절 알고 지냈던 사람들의 도움을 많이 받았어요. 제주 관리는 물론 육지에서 온 관리도 김만덕의 객주를 드나들었지요. 또 한때 이름을 떨쳤던 김만덕을 보기 위해 제주와 육지 상인들이 모여들었어요. 이러한 상황에서 김만덕은 제주는 물론이고 육지 상황에 대해서도 앞선 정보를 얻을 수 있었지요.

조선 시대 객주란?

김만덕이 살았던 18세기에 조선의 상업은 눈부시게 꽃피고 있었어요. 많은 객주가 생겨나고 고을마다 장이 열렸지요. 당시 장이 열린 곳이 전국에 1천여 곳이나 되었어요. 그런 가운데 객주는 관아나 상인들에게 물건을 공급하였지요. 그리고 배를 통한 물건의 운반이 활발해지면서 포구가 새로운 상업의 중심지가 되었어요.

좋은 물건을 살 사람, 좋은 가격에 팔 사람, 모두모두 여기로 오세요~

ⓒ 김만덕 기념관

200여 년 전 김만덕 객주의 모습을 재현한 현대판 객주터로, 객주 일부를 주막으로 운영하며 향토 음식을 판매해요.

객주는 점차 전국의 상인들을 연결하여 시장을 움직이는 큰손으로 등장하고 있었어요. 김만덕은 이러한 시장의 변화를 잘 알았지요. 객주는 원래 다른 지역에서 온 상인들에게 잠자리와 식사를 제공하고 물건을 창고에 보관해 주는 곳이었어요. 상업이 점차 발달하면서 객주는 물건을 팔거나, 파는 사람과 사는 사람 중간에서 흥정을 붙여 이익을 얻었지요. 또한 돈이나 귀한 물건을 빌려주는 것도 객주의 역할이었어요.

제주의 큰 상인이 되었어요

제주도는 화산섬이기 때문에 쌀농사가 어려웠고 갯벌이 발달하지 않아 염전도 없었어요. 그래서 쌀과 소금을 대부분 육지에서 사 와야 했지요. 따라서 쌀과 소금의 가격은 육지의 농사나 날씨의 영향을 크게 받을 수밖에 없었어요. 그뿐만 아니라 여러 가지 물건 가격 역시 육지와 크게 차이가 났지요.

"지금은 육지에서 나는 쌀이나 소금, 목화 등을 사들이고 있지만, 반대로 우리 제주에서 생산되는 특산물을 육지에 내다 팔면 큰 이익을 볼 수 있을 거야."

나눔과 베풂을 실천한 김만덕

김만덕은 물건 가격이 쌀 때 사람을 시켜 제주 여기저기에서 값싸고 질 좋은 미역이나 전복, 말총, 감귤 같은 제주 특산물을 사 오도록 했어요. 그리고 물건 가격이 비쌀 때 되팔아 큰 이익을 남겼지요. 처음에는 여자라는 이유로 거래하지 않았던 상인들에게도 신뢰를 얻으면서 김만덕의 객주는 육지에 조금씩 알려지기 시작했어요.

★**말총** 말의 갈기나 꼬리의 털로, 머리에 쓰는 갓을 만드는 데 쓰였어요.

믿음을 바탕으로 장사의 원칙을 세웠어요

몇십 년이 흘러 김만덕은 제주에서 손꼽히는 큰 상인이 되었어요. 김만덕의 성실함은 그 누구도 따라올 수 없었지요. 많은 돈을 벌어들여 '제주 부자 김만덕' 하면 모르는 사람이 없을 정도가 되었어요. 하지만 김만덕은 돈이 많다고 해서 함부로 쓰지 않았어요. 일상생활은 늘 검소했고, 마음속으로 늘 이렇게 다짐하고는 했어요.
'풍년에는 흉년을 생각하여 절약하고, 편안히 살 수 있는 사람은 하늘의 은혜에 감사하면서 고생하는 사람을 생각하여 검소하게 생활해야 한다.'

장사를 통해 큰 부자가 된 김만덕은 상인으로서 꼭 지키려고 한 것이 있었어요. 무엇보다 믿음이 있어야 한다고 생각했어요. 그리고 당장 눈앞에 있는 큰 이익만을 생각하지 않았어요. 대신 좋은 품질의 물건을 적정한 가격에 많이 팔아 이익을 남기려고 했지요. 이런 믿음을 바탕으로 한 김만덕의 객주에는 언제나 많은 상인이 모여들었어요.

제주를 살린 김만덕

흉년에 제주 백성이 죽었어요

1792년부터 전국에 흉년이 계속되었어요. 특히 제주는 태풍과 해일까지 겹쳐 피해가 더욱 컸지요. 고립된 제주도에서는 매년 수많은 사람이 굶주림으로 죽어 갔어요. 당시 상황을 "큰 흉년으로 시체가 더미로 쌓일 정도로 참혹하였다."라고 기록하고 있어요. 그런데도 제주 사람들은 굶주림을 피해 육지로 건너갈 수 없었어요. 법으로 엄하게 금지하고 있었기 때문이에요.

나눔과 베풂을 실천한 김만덕

1795년 2월, 제주 목사는 며칠째 전라도 영암에서 출발한 배를 기다리고 있었어요. 지난가을 제주 목사는 조정에 쌀을 급하게 보내 달라고 했어요. 아직 파도가 높았지만 보릿고개 전에는 도착해야만 했지요. 그러나 불행하게도 쌀을 실은 12척의 배 중 5척이 풍랑을 만나 그만 침몰하고 말았어요. 제주 사람들은 절망에 빠졌지요. 제주 백성의 3분의 1이 죽을 정도로 제주도는 큰 어려움에 부닥쳤어요.

전 재산을 털어 500석의 쌀을 풀었어요

제주 백성들은 굶주림으로 목숨을 잃었고, 시체가 길거리에 산더미처럼 쌓여 갔어요. 당시 제주 최고의 부자였던 김만덕은 백성들의 고통을 더는 두고 볼 수 없었지요.

"내가 이만큼 살게 된 것은 모두 이웃들의 덕이다. 지금이 그 은혜를 갚을 때다."

김만덕은 평생을 모은 자신의 재산을 내놓았고 육지에서 쌀을 사 오게 하였어요.

나눔과 베풂을 실천한 김만덕

그리고 마침내 전라도와 경상도에서 사 온 쌀이 도착했어요. 김만덕은 500석 중 50석은 굶주리는 친척들에게 주고 나머지 450석을 관아에 보냈지요. 수레에 가득 실린 어마어마한 쌀을 보고 제주 목사는 깜짝 놀라 "이것이 다 무엇이냐?"라고 물었어요. 김만덕은 육지에서 사 온 쌀이라며, 백성들에게 공평하게 나누어 주라고 했지요.

이 쌀을 백성들에게 나눠 주십시오.

우리를 살린 이는 김만덕이로다

이 소식을 듣고 사람들이 제주 관아에 구름처럼 모여들었어요. 김만덕이 제주 관아에 가져다준 쌀은 굶주린 제주 백성들을 살릴 수 있는 엄청난 양이었어요. 제주 사람들은 김만덕의 은혜를 이렇게 칭송하였다고 해요.

"우리를 살린 이는 김만덕이로다!"

당시 나라도 구하지 못한 제주 백성을 살린 사람이 바로 김만덕이었어요.

그때 어려움이 커서였을까요? 지금도 제주도에는 다음과 같은 속담이 전해지고 있어요.

"개비년 숭년에도 살앙 남아신디."
"개비년 숭년에도 먹당 남은 게 물이여!"

이 말은 각각 "갑인년 흉년에도 살아남았는데.", "갑인년 흉년에도 먹다 남은 게 물이다."라는 뜻을 나타내요. 갑인년 흉년은 제주 사람들에게 입에서 입으로 전해져 너무나 힘들었던 흉년을 상징하는 말이 되었어요.

65

정조가 김만덕의 선행을 들었어요

얼마 후 제주 목사는 김만덕의 선행을 임금님께 보고했어요. 소식을 들은 정조가 상을 주려 하자 김만덕이 사양했지요. 정조는 김만덕을 기특하게 여겨 제주 목사를 시켜 김만덕의 소원을 물어보았어요. 김만덕의 소원은 단 한 번이라도 좋으니 제주를 벗어나 임금님이 계신 한양과 금강산 만이천봉을 구경하는 것이었어요.

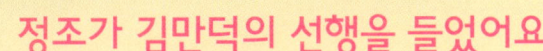

주저 말고 소원을 말해 보라.

대단한 여인이군! 남자인 우리도 못 가 본 곳을.

나눔과 베풂을 실천한 김만덕

"한양과 금강산을 구경하고 싶습니다!"

어서 오세요!

하지만 김만덕의 소원은 당시 조선 사회에서 그리고 제주 여성으로서 이루기 쉬운 것이 아니었어요. 상을 받거나 벼슬을 받는 것보다도 어려운 일이었지요. 당시 제주 여성은 출륙 금지령*때문에 육지 사람과 결혼할 수 없었을 뿐만 아니라 제주 밖으로 나간다는 것은 법으로 금지되어 상상조차 할 수 없었어요. 하지만 정조는 김만덕의 소원을 흔쾌히 들어주었어요.

★**출륙 금지령** 제주도에서 육지로 이주하는 백성이 증가하면서 제주도를 방어할 인력이 줄어드는 것을 막기 위해 등장한 법이에요.

김만덕의 평생의 꿈

벼슬을 받고 임금님을 만났어요

1796년, 김만덕은 정조의 부름을 받아 임금님을 만나게 되었어요. 정조는 김만덕에게 의녀 반수라는 벼슬을 내렸어요. 평민인 김만덕이 궁궐에 들어올 수 있도록 벼슬을 준 것이에요.

★**의녀 반수** 의녀는 조선 시대에 여인들의 병을 치료하기 위하여 두었던 여성 의원이란 뜻이고 반수는 그중의 우두머리를 말해요.

나눔과 베풂을 실천한 김만덕

"굶주린 백성들을 위해 전 재산을 내놓았다고? 정말 대견하구나!"
"황송하옵니다. 마땅히 해야 할 일을 한 것이옵니다."
김만덕은 임금님을 만난 제주 최초의 여성이 되었어요. 엄격한 신분 제도와 남녀 차별이 심했던 조선 사회에서 여성이 장사한다는 것은 결코 흔한 일이 아니었어요. 더욱이 장사를 통해 큰 재산을 모은다는 것은 정말 쉽지 않았지요. 여성이 그렇게 힘들게 모은 재산을 내놓고 백성을 구하는 데 앞장선 것은 이전에 볼 수 없었던 일이에요. 정조는 김만덕의 선행을 사람들이 본받도록 널리 알리라 하였어요. 그리고 김만덕이 육지에 머무는 동안 필요한 양식과 돈을 주어 보살피도록 했지요.

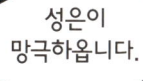
성은이 망극하옵니다.

금강산 여행을 떠났어요

어느새 얼음은 녹고 꽃이 피는 봄이 되었고, 김만덕은 드디어 금강산 구경을 떠났어요. 조선 시대에 금강산을 구경한 사람은 많지 않았어요. 양반들도 금강산에 가고 싶어서 부러워했을 정도였지요. 당시 김만덕의 금강산 유람에 대해 "천하의 수많은 사내 중에서 이런 복을 누린 자가 있겠는가?"라고 기록하고 있을 정도예요. 그리고 김만덕은 꿈에 그리던 금강산에 도착했어요.

김만덕은 금강산 만폭동 계곡의 뛰어난 경치를 두루 구경하였어요.
"잠시도 눈을 뗄 수 없을 만큼 아름답고 신비하구나!"
곳곳의 절에서 불상을 마주할 때마다 이마가 땅에 닿도록 절을 하였어요.
그리고 고성으로 내려가 삼일포에서 배를 띄우고 통천의 총석정에 올랐지요.
총석정에서 바라보니 여러 개의 돌기둥이 바다 가운데에 솟아 있어 그
경치가 아름답고 신비로웠어요. 김만덕에게 금강산 여행은 감동 그
자체였어요. 제주 여인은 육지에 오를 수 없다는 한계를 딛고 오른
금강산이어서 더욱 벅찬 여행이었지요.

한양에 이름이 널리 알려졌어요

금강산에서 돌아온 김만덕은 정조의 배려로 한양에 머무르게 되었어요. 한양에 있는 동안 김만덕은 유명한 인물이 되었어요. 가는 곳마다 사람들이 모여들어 김만덕을 칭찬하였지요. "만덕의 이름이 한양 안에 가득하여 사람들이 신분을 가리지 않고 모두 그녀의 얼굴을 한번 보고자 하였다."라는 기록도 있어요.

나눔과 베풂을 실천한 김만덕

"금강산도 가 봤다는군."

"좀 더 가까이서 보고 싶다."

정조는 김만덕의 삶을 세상에 알리고 싶었어요. 그래서 신하들에게 그녀의 삶을 글로 남기라고 명령을 내렸지요. 또한 김만덕이 한양에 머무르고 있을 때 유명한 학자들이 김만덕에 대한 글과 시를 남기기도 했어요. 박제가는 김만덕에 대한 시를 지었고 정약용도 그의 책에 김만덕을 소개하였어요. 김만덕이 한양을 떠나기 전 채제공은 이별의 자리에서 직접 지은 '만덕전'을 그녀에게 주었어요.

"요즘 제일 유명한 김만덕에 대해 책을 썼지."

"나도 책을 썼다네."

역사의 인물로 길이 빛나다

김만덕은 제주로 돌아와 장사를 계속하였어요. 헐벗은 사람에게는 옷을 주고 굶주린 사람에게는 쌀을 주었지요. 김만덕은 74세의 나이로 세상을 떠날 때까지 나눔과 베풂의 삶을 이어 갔어요. 지금도 사람들의 존경과 사랑을 받으며 제주에서는 '만덕 할망'이라고 친숙하게 불리고 있어요.

나눔과 베풂을 실천한 김만덕

김만덕 기념관

제주도에서 김만덕의 삶을 보려면 어디로 가야 할까요?
바로 김만덕 기념관이에요. 김만덕 기념관은 제주항과 가까운 건입동에 있어요.
이곳은 김만덕이 처음 객주를 열었던 곳이에요. 3층으로 구성된 기념관에서는
김만덕에 대한 각종 기록과 그림, 그리고 애니메이션으로 김만덕 이야기를
살펴볼 수 있어요. 관람 후에는 가까운 곳에 재현되어 있는 김만덕 객주를
둘러보고 따뜻한 국밥도 먹을 수 있어요.

탁본 체험도 할 수 있어.

김만덕 기념관

위치 제주 제주시 산지로 7
전화 064-759-6090
관람료 무료
홈페이지 http://www.mandukmuseum.or.kr

김만덕 기념관의 특별한 점은 우리나라 최초의 나눔 문화 기념관이라는 거예요. 김만덕의 나눔 정신을 이어받아 지금까지도 그 실천에 앞장서고 있어요. 기념관 2층에는 나눔에 대해 자세히 알 수 있는 나눔명상관과 나눔실천관이 있어요. 기념관에 들어서자마자 제일 먼저 맞이하는 김만덕 동상 앞에 놓인 기부된 쌀들을 보면, 오늘날까지 김만덕의 나눔 문화가 잘 전해져 내려오고 있음을 알 수 있답니다.

1910년, 우리나라는 일본에 나라를 빼앗겼어요. 이회영과 형제들은 전 재산을 팔아 독립운동에 뛰어들었지요. 육 형제가 재산을 팔아 마련한 돈은 40만 원이었는데, 이 돈은 지금의 약 600억 원에 이르는 큰돈이었어요. 이회영과 형제들은 어떤 생각으로 전 재산을 털어 독립운동을 하게 되었을까요? 이회영과 형제들의 독립운동에 대해 알아보아요.

전 재산을 팔아 독립운동을 한 이회영

신학문을 배우다

"대감님 댁에 도련님이 태어나셨어!"

조선 최고의 명문가의 아들로 태어났어요

1867년 4월 21일, 현재 서울의 명동인 저동에서 이회영이 태어났어요. 아버지 이유승은 이조 판서를 지냈으며 어머니 정 씨는 이조 판서를 지낸 정순조의 딸이었지요. '이조 판서'의 이조는 관리를 뽑고 일을 제대로 하는지 평가하는 정부 부서예요. 판서는 그 부서의 최고 책임자로, 오늘날 장관에 해당하는 벼슬이지요.

전 재산을 팔아 독립운동을 한 이회영

이회영의 집안은 대대로 한양에서 으뜸가는 가문이었어요. 임진왜란 때 활약했던 이항복 이후 여러 명의 판서와 영의정이 나왔지요. 그리고 백성들이 사랑하고 존경하는 가문이었어요. 힘없고 가난한 백성을 아끼고 보살폈기 때문이지요. 이회영의 집안은 서울 중심지인 명동에 많은 땅을 가지고 있을 정도로 재산이 많았어요.

육 형제가 서로 화합했어요

이회영은 육 형제 중 넷째로 태어났어요. 육 형제는 특히 우애가 남달랐지요. 육 형제가 서로 마음을 모으니 집안은 항상 즐거움이 가득했어요. 그리고 형제들의 우애는 훗날 모든 재산을 내놓고 독립운동에 나서게 된 바탕이 되었지요. 이회영은 부모님과 형제들의 사랑을 듬뿍 받으며 자랐어요.

자, 잘 보고 따라서 해 봐.

전 재산을 팔아 독립운동을 한 이회영

이회영은 가문의 전통에 따라 유학을 공부하며 남부러울 것 없이 성장했어요. 학문은 물론이고 서예와 시, 음악과 회화에 이르기까지 뛰어난 능력을 보였지요. 형제 중에서 이회영은 유난히 호기심이 많았어요. 집에 있는 책을 모두 읽고 스승이나 친구에게 책을 빌려 읽고는 했지요. 그런 까닭으로 이회영은 차츰 신학문을 접하게 되었어요.

★**신학문** 서양에서 들어온 새로운 학문을 이르는 말이에요.

노비에게 존댓말을 썼어요

"도련님, 이러시면 안 됩니다!"

노비들은 이회영의 행동에 어쩔 줄 몰라 했어요. 이회영이 자기보다 나이가 많은 노비에게 높임말을 쓰기 시작했기 때문이에요. 형제들은 가문의 명예를 떨어뜨리는 일이라며 이회영을 말렸어요. 그러나 둘째 형 석영은 이회영의 생각에 찬성했어요.

"회영아, 신분까지 버릴 결심을 하다니 대견하다!"

당시 조선은 일본의 침략 속에 나라가 위태로운 상황이었어요. 이회영은 먼저 신분 제도부터 없애야 나라를 구할 수 있다고 생각했지요.
'맞아! 평등한 세상이 와야 온 백성이 나라를 다시 세우는 데 힘을 모을 수 있을 거야!'
시간이 흐르자 형제들은 이회영을 따라 신분이 낮은 사람들에게도 존댓말을 썼어요. 그리고 아버지가 돌아가신 후에는 노비 문서를 태워 노비들을 풀어 주었지요. 이는 당시 명문 양반 집안으로서는 상상도 할 수 없는 일이었어요.

친구이자 동지인 이상설을 만났어요

젊은 시절, 이회영에게 가장 큰 영향을 끼친 사람은 친구 이상설이에요. 이상설은 이회영보다 세 살 어렸지만, 신학문뿐만 아니라 영어, 프랑스어, 러시아어, 일본어까지 모두 자유롭게 할 줄 알았지요. 이웃에 살던 두 사람은 어릴 때 만나 평생을 같이한 친구이자 동지였어요. 이회영과 이상설은 뛰어난 영재들과 함께 먹고 자며 신학문을 공부하면서 10대를 보냈어요. 대부분의 명문가 자식들이 과거를 공부했던 것과는 달리 이회영은 신학문을 배웠지요.

★**동지** 목적이나 뜻이 서로 같은 사람을 말해요.

우리는 독립적인 주체로….

전 재산을 팔아 독립운동을 한 이회영

이회영의 청년 시절은 일본의 조선 침략이 본격화되던 때였어요. 이회영과 이상설은 나라의 앞날을 걱정하고 자신이 해야 할 일을 고민했어요. 그리고 상민이나 천민들이 많이 다니는 상동 교회에 함께 다니기 시작했지요. 상동 교회의 전덕기 목사는 이회영이 무척 존경하는 목사였어요. 교회에는 그와 뜻을 같이하는 많은 지식인이 모여들었지요. 서울 남대문에 위치한 상동 교회는 대한 제국 말 독립운동의 근거지였어요.

우리가 자유와 평등을 누릴 새사람이라니… 멋진 생각이야.

구국 운동에 앞장서다

청년 학원을 열었어요

1904년, 이회영을 비롯한 청년 지식인들이 힘을 합쳐 상동 교회 안에 작은 학교를 열었어요. 바로 상동 청년 학원이에요.
"청년을 깨우쳐야만 나라를 바로 세울 수 있다."
청년 학원은 중학교 과정으로, 전덕기 목사가 성경 과목을 가르쳤고 국어학자인 주시경이 한글을 가르쳤어요. 그 밖의 과목으로 영어와 국사 등도 가르쳤지요.
이회영은 학감을 맡아 학교 업무를 관리했어요.

전 재산을 팔아 독립운동을 한 이회영

이회영을 비롯한 교사들은 젊은 인재를 키우고 독립 정신을 기르는 데 많은 노력을 기울였어요. 밤에는 야학*을 열어 낮에 일하는 이들도 배울 수 있도록 했지요. 교사들의 열정에 힘입어 많은 학생이 모여들었어요. 하지만 그럴수록 학교를 유지하는 비용이 만만치 않았지요. 이회영은 가지고 있던 인삼밭에서 얻은 이익을 학교를 위해 내놓기도 했어요.

★학감 교장 아래에서 학교 업무와 학생을 감독하는 사람을 말해요. 오늘날은 교감이라고 불러요.
★야학 낮에 일하는 사람을 위해 밤에 운영하는 학교를 말해요.

을사늑약이 체결되었어요

청일 전쟁과 러일 전쟁에서 승리한 일본은
우리나라를 차지하려 했어요. 1905년 10월에 일본의
이토 히로부미가 우리나라에 왔어요. 우리나라에 불리한 조약을 제시하려는
것이었지요. 만약 그 조약이 체결된다면 일본에 우리나라를 빼앗기는 것은
시간문제였어요. 전덕기 목사와 이회영을 중심으로 한 청년회는 조약을 막기
위한 투쟁을 시작했어요. 상동 교회에서는 매일 나라를 구하기 위한
기도회가 열렸지요.

전 재산을 팔아 독립운동을 한 이회영

"이회영 선생, 지금 경운궁(덕수궁)에서 조약이 체결되었어요."
1905년 11월 17일, 이회영과 함께 청년 학원을 이끌던 이동녕이 급하게 뛰어왔어요. 그는 말을 잇지 못하고 주저앉아 눈물을 떨구었지요. 이토 히로부미가 일본 군대와 이완용 등을 내세워 강제로 조약을 체결하였던 것이에요. 이 강제 조약이 바로 을사늑약이에요. 상동 청년회는 종로에서 많은 사람을 모아 집회를 열고 을사늑약이 무효임을 널리 알렸어요. 그리고 나라를 팔아먹은 을사오적을 처단하려고 하였으나 실패하고 말았어요.

★**을사늑약** 일제가 우리의 외교권을 강제로 빼앗은 조약으로, 이후 우리나라가 일본의 보호국이 되고 말았어요.
★**을사오적** 을사늑약 체결에 가담한 다섯 매국노인 박제순, 이지용, 이근택, 이완용, 권중현을 말해요.

헤이그에 비밀 특사를 보냈어요

"네덜란드 헤이그에서 '만국*평화 회의'가 열립니다. 을사늑약의 부당함과 일본이 저지른 잘못을 전 세계에 알릴 좋은 기회입니다."
이회영은 상동 교회 사람들과 특사*파견을 상의하고 비밀리에 고종과의 면담을 추진하였어요. 하지만 고종은 일본의 철저한 감시를 받는 처지였지요. 이회영은 몰래 내시를 통해 고종에게 특사 파견 계획을 전달했어요. 그리고 얼마 후 이회영은 고종의 옥새(도장)만 찍혀 있는 위임장*을 받았지요.

★**만국** 세계 모든 나라를 말해요.
★**특사** 특별한 임무를 띠고 보내는 인물이에요.
★**위임장** 나라에서 어떤 사람을 임명하는 문서를 말해요.

전 재산을 팔아 독립운동을 한 이회영

1907년 4월 21일, 세 명의 특사 중 한 사람인 이준은 이회영의 전송을 받으며 러시아의 블라디보스토크로 떠났어요. 그곳에서 이상설을 만났고, 상트페테르부르크에서는 이위종이 합류했어요. 하지만 헤이그에 도착한 특사들은 일본의 방해로 회의장에 들어가지 못했어요. 특사들은 회의장 밖에서 호소문을 발표했지만, 뜻을 이루지는 못했어요. 이 과정에서 몸과 마음이 지친 이준은 결국 머나먼 땅에서 순국하고 말았지요. 일본은 특사 파견을 구실로 고종을 강제로 퇴위시켰어요. 이회영은 이 사건을 계기로 외교 독립운동은 국가가 힘이 없으면 아무 소용이 없다는 사실을 깨달았어요.

신민회가 만들어졌어요

상동 교회에서는 매주 목요일 저녁에 청년회가 중심이 되어 강연회가 열렸어요. 이때 전덕기 목사와 이회영을 비롯한 청년회의 간부 몇 사람은 교회 지하실에서 따로 모여 비밀 조직을 운영하였어요. 이 조직이 바탕이 되어 1907년 4월, 윤치호, 안창호, 신채호, 양기탁 등 여러 분야의 사람들이 하나로 뭉쳐 비밀리에 '신민회'라는 단체를 만들었어요.

전 재산을 팔아 독립운동을 한 이회영

신민회는 전국 각지에 학교를 세워 민족 교육을 했고, 서점 겸 출판사인 '태극서관'을 세워 국민 계몽에 앞장섰어요. 또한 도자기 회사를 세워 자금을 마련하는 등, 민족의 힘을 모으려고 노력하였어요. 신민회는 국내 활동에만 뜻을 두지는 않았어요. 나라 밖에 독립군 기지를 만들어 훗날 일본을 물리치고 우리의 힘으로 나라를 되찾으려 하였어요. 하지만 일제의 탄압은 날이 갈수록 거세졌고 신민회를 향한 감시는 점점 심해졌어요.

일본의 감시가 날로 심해지는군.

만주로 떠나다

육 형제, 가족회의를 열었어요

1910년 7월, 이회영은 동지들과 함께 상인으로 변장하고 압록강을 건너 만주로 갔어요. 일본의 감시로 활동이 어려워지자 신민회가 국외 독립운동 기지를 세우기로 했기 때문이에요. 이회영은 만주 일대를 돌아보며 마땅한 지역을 찾아보고 있었어요. 그러던 중 8월 29일에 우리나라가 일제에 국권을 빼앗겼다는 소식을 들었지요. 이회영은 더 이상 기다릴 시간이 없었어요. 서둘러 독립운동 기지를 결정하고 우리나라로 돌아왔지요.

전 재산을 팔아 독립운동을 한 이회영

1910년 가을, 이회영과 형제들이 사랑채에 모였어요.
"형님 그리고 아우님, 우리 형제가 왜적 밑에서 노예가 되어 살아간다면 어찌 짐승과 다르다고 할 수 있겠습니까? 이제 우리 형제는 가족과 함께 만주로 가서 조국의 광복을 위해 싸워야 합니다. 형님들과 아우님들은 제 뜻을 따라 주시기 바랍니다."
형제들도 이회영과 뜻이 같았어요. 일본이 지배하는 땅에서 숨을 쉰다는 것은 창피하고 부끄러운 일이라고 생각했지요.

전 재산을 팔고 만주로 떠났어요

이회영과 형제들은 만주로 떠나기로 결정하고 모든 재산을 급히 팔기 시작했어요. 일본의 감시를 피해 비밀리에 땅과 집 등을 파는 데 3개월 가까이 걸렸지요. 게다가 급하게 재산을 파느라 여러 집이 싼값에 팔릴 수밖에 없었어요. 그렇게 마련한 돈이 40만 원이에요. 오늘날로 따지면 최소 600억 원에 달하는 큰돈이지요.

전 재산을 팔아 독립운동을 한 이회영

조금만 더 힘을 냅시다!

육 형제는 독립운동을 하는 데 이 돈을 남김없이 쓸 것을 약속했어요. 그리고 40여 명의 가족을 이끌고 만주로 떠날 준비를 했지요. 만주로 떠나기 전에 이회영이 집안의 하인들에게 상황을 설명하자 하인들도 함께 가겠다고 했어요.

"저희도 따라가게 해 주십시오. 저희도 독립을 위해 함께 싸우겠습니다."

1910년 12월 30일, 이회영의 형제와 가족 등 60여 명은 국경을 지키는 일본 감시병들을 피해 한밤중에 꽁꽁 얼어붙은 압록강을 건넜어요. 그리고 이회영은 며칠 뒤 가족과 합류하였어요.

경학사를 만들고 신흥 강습소를 세웠어요

이회영 일가는 집을 떠난 지 한 달 만에 중국 지린성 류허현의 삼원보에 도착했어요. 곧이어 안동의 명문가이자 큰 부자였던 이상룡 가족 역시 전 재산을 정리하고 삼원보에 왔어요. 이회영과 이상룡은 한인 동포들과 함께 독립운동 기지를 건설하기 시작했어요. 낮에는 땀 흘려 일하고 밤에는 모여서 공부하는 주민 자치 기구인 경학사를 조직했지요. 중요한 일은 모두가 함께 의논하여 결정했어요. 300여 명의 회원 모두가 주인으로, 신분이 양반이었는지 노비였는지는 따지지 않았어요. 모두가 빼앗긴 나라를 되찾겠다는 마음 하나로 뭉친 동지였지요.

전 재산을 팔아 독립운동을 한 이회영

경학사의 첫 번째 사업은 무관* 학교 설립이었어요. 이회영과 이상룡이 중심이 되어 '신흥 강습소'를 열었지요. '신흥'이라는 이름은 신민회의 '신' 자와, 부흥을 의미하는 '흥' 자를 합쳐 만든 것이에요. 일제의 감시를 피하기 위해 강습소라는 이름을 내걸었으나 실제로는 독립군을 키우는 군사 학교였지요. 학생들이 학비를 내지 않고도 마음 놓고 공부할 수 있도록 하였어요. 이후 '신흥 강습소'는 '신흥 무관 학교'로 이름을 바꾸었어요. 독립의 꿈을 안고 찾아온 학생들을 볼 때마다 이회영과 동지들의 가슴은 희망으로 가득했어요.

★**무관** 군인을 말해요.

독립군을 키우는 신흥 무관 학교

1912년 7월, 이회영과 이상룡 등은 신흥 강습소(1919년 5월, 학교 이름을 '신흥 무관 학교'로 바꾸었어요)를 합니하로 옮겼어요. 앞으로는 강이 흐르고 뒤로는 산이 병풍처럼 둘러싸고 있어 쉽게 찾을 수 없는 곳이었지요. 학교는 산속에 있었으며 눈에 잘 띄지 않게 산허리를 따라 나란히 줄지어 있었어요. 학교가 세워지자 평안도, 충청도 등 전국 각지에서 뛰어난 청년들과 우수한 교사들이 모여들었지요. 학생들이 100명 가까이 입학하였는데, 대부분 18세에서 25세였어요. 학비와 숙식비가 모두 무료였고, 그 비용은 이회영의 둘째 형 이석영과 이상룡이 거의 부담하였어요.

하루 일과는 새벽 4시에 시작하여 밤 9시에는 잠자리에 들었어요. 학생들은 우리말과 역사, 지리 등을 공부하였고 독립군 학교답게 전문적인 군사 훈련도 받았지요. 고된 훈련이 이어졌지만 아무도 불평하지 않았어요. 일본에 빼앗긴 나라를 되찾겠다는 목표가 있었기 때문이에요. 신흥 무관 학교는 1920년 8월에 일본의 간섭으로 문을 닫기까지 3천 5백여 명의 독립군을 길러 냈어요. 졸업생들은 대부분 독립군이 되어 일본과 투쟁하였지요. 독립운동 역사에 빛나는 봉오동 전투(1920)와 청산리 전투(1920), 의열단 활동, 한국광복군 활동에 이르기까지 신흥 무관 학교 출신들은 독립운동의 핵심으로 활약했지요.

독립운동에 앞장서다

고종 황제 망명 정부를 추진했어요

1913년 봄, 이회영은 독립 자금을 마련하기 위해 한국으로 돌아왔어요. 하지만 일본의 탄압과 감시가 심해 꼼짝할 수가 없었지요. 그런 가운데 이회영은 고종의 해외 망명★ 계획을 세웠어요. 고종을 중심으로 독립운동 세력이 하나로 단결할 수 있다고 생각했기 때문이에요. 1918년 11월, 여러 경로를 통해 마침내 이회영은 비밀리에 고종을 만날 수 있었어요.

"나의 망명이 성공한다면 그다음 계획은 무엇인가?"

"폐하를 중국으로 모셔 망명 정부를 수립하려고 합니다."

★**망명** 자기 나라에서 위협을 받는 사람이 다른 나라로 가는 것을 말해요.

폐하, 저희가 중국으로 모시겠습니다.

전 재산을 팔아 독립운동을 한 이회영

일본의 삼엄한 감시 속에서 고종을 망명시킨다는 것은 너무나 위험한 일이었어요. 하지만 고종의 지지에 힘입어 이회영은 차근차근 준비해 나갔지요. 그런데 망명을 불과 며칠 앞둔 1919년 1월 21일에 갑자기 고종이 사망하면서 망명 계획은 실패로 돌아갔어요. 하지만 천도교, 불교 등 종교계와 민족 지도자들이 일제에 저항하기 위한 대대적인 독립운동을 준비하고 있었어요. 바로 3·1 운동이에요. 이회영은 해외에서 독립운동을 이어 가기 위해 중국 베이징으로 향했어요.

독립운동 방법에 대해 고민했어요

1919년에 일어난 3·1 운동은 이회영을 비롯한 독립운동가들에게 큰 힘이 되었어요. 국내뿐만 아니라 한국인이 사는 해외 곳곳에서 만세 운동이 일어났어요. 그리고 사람들은 일본으로부터 독립할 수 있다는 희망을 품게 되었지요.

각지에서 활동하던 독립운동가들은 임시 정부를 세우기 위해 중국 상하이에 모였어요. 이회영 역시 참석했지요. 이회영은 정부를 조직하면 생각이 나뉘고 권력 다툼이 벌어질 것이라고 생각했어요. 그래서 모든 독립운동 단체를 이끌 수 있는 독립운동 총본부를 조직해야 한다고 주장했어요.

전 재산을 팔아 독립운동을 한 이회영

이회영이 걱정했던 일이 실제로 벌어지면서 임시 정부를 구성하는 데 혼란과 대립이 발생하였어요. 오랜 논쟁 끝에 임시 정부 초대 대통령으로 외교 독립★을 주장한 이승만이 선출되었어요. 이회영은 상하이 임시 정부에 실망하고 베이징으로 돌아왔어요. 그리고 외교 활동을 중심으로 하는 상하이 임시 정부와 달리 무력에 의한 독립운동을 추진하였어요.

★**외교 독립** 외국과 교류하여 우리나라의 독립을 위한 도움을 받자는 주장이에요.

우리 힘으로 독립을 해야 진정한 독립이지.

이회영의 집은 독립운동가의 사랑채

이회영은 베이징에서 집 한 채를 빌려 살았어요. 이회영의 집은 많은 독립운동가들이 수시로 드나드는 사랑채였지요. 이회영은 따뜻하고 넉넉한 성품을 지닌 사람이었어요. 그래서 주변에는 항상 많은 사람이 모여들었지요. 이회영은 독립운동을 하는 사람들에게 큰 의지가 되었어요. "이회영 집에서 밥을 얻어먹지 않은 사람은 독립운동가가 아니다."라는 말이 있었을 정도였어요.

독립운동을 하려면 배를 든든히 채워야지!

108

전 재산을 팔아 독립운동을 한 이회영

한때 이회영은 많은 땅과 재산을 가지고 있었어요. 하지만 독립운동을 위해 모든 재산을 쓰고 이제는 가족들의 끼니를 걱정할 정도가 되었지요. 당시 힘들었던 상황을 아들 이규창은 이렇게 말했어요.
"일주일에 세 끼를 먹으면 잘 먹을 정도였지만, 가난이 아버지의 독립 의지를 꺾지는 못했다."
이회영은 집에 찾아오는 가난한 독립운동가들에게는 늘 따뜻한 밥을 대접하였어요.

다물단과 흑색공포단을 지휘했어요

'내가 독립운동을 하는 이유는 무엇일까?'

일본의 침략을 겪고 분열하는 임시 정부에 실망을 느낀 이회영은 독립운동을 하는 이유를 곰곰이 생각해 보았어요.

'조국을 되찾고 내 땅에서 자유로이 살기 위해서야.'

오랜 생각 끝에 이회영은 자신이 그토록 독립을 바라는 가장 큰 이유는 바로 '자유'라는 것을 깨달았어요. 이회영과 뜻을 같이하는 동지들은 비밀 조직인 다물단을 만들었어요. '다물'은 고구려 때 "옛 고조선의 영토를 되찾자."라는 말에서 나왔어요. 빼앗긴 조국을 다시 찾기 위해 만든 독립운동 단체이지요.

"먼저 일본 밀정★ 김달하를 처단해야 합니다."
김달하는 베이징에서 활동하는 독립운동가들 사이에서 신뢰를 받던 사람이었어요. 하지만 그는 일본이 보낸 밀정이었지요. 다물단은 김달하를 찾아 처단하였어요. 그리고 이회영은 흑색공포단을 만들어 각 지역의 일본 공사관 등을 폭파하며 일본인들을 공포에 떨게 했지요.

★**밀정** 어떤 사실을 알아내기 위하여 남몰래 엿보거나 살피는 사람을 말해요.

마지막 길, 만주로 떠나다

1932년, 상하이 임시 정부의 김구를 중심으로 하는 무장 투쟁이 벌어졌어요. 김구의 지휘를 받아 이봉창과 윤봉길의 의거가 일어났지요. 두 의거는 당시 침체되어 있던 독립운동에 활기를 불어넣었고, 중국의 지원을 받는 계기가 되었어요.

"내가 만주로 가겠소. 이 여세를 몰아 만주에 있는 일제의 관동군 사령관을 처단해야만 하오."

많은 동지들이 말렸으나 이회영의 결심을 꺾을 수는 없었어요. 어느새 앙상하게 여윈 노인이 된 이회영은 1932년 11월에 아들의 배웅을 받으며 만주로 가기 위해 다롄으로 가는 배에 몸을 실었어요.

전 재산을 팔아 독립운동을 한 이회영

이회영은 다롄에 도착하자마자 일본
경찰에게 체포되었어요. 그리고 뤼순 감옥에
끌려가 혹독한 고문을 받던 중 66세의 나이로 죽음을
맞았어요. 그 소식을 듣고 딸이 시신을 확인하러 갔어요. 그런데
이회영의 몸에는 멍과 피가 묻은 자국이 가득했어요. 일본은 이 사실을
숨기기 위해 이회영의 시신을 서둘러 화장했지요. 이회영이 세상을 떠났다는
소식에 동지들은 깊은 슬픔에 빠졌어요. 조국의 독립과 자유를 위해 싸웠던
이회영은 현재 국립 서울 현충원 애국지사 묘역에 모셔져 있어요.

우당 기념관을 찾아서

서울시 종로구 신교동에 가면 붉은 벽돌과 대리석으로 세워진 우당 기념관이 있어요. 이곳은 나라가 위기에 처했을 때 조국의 독립과 자유를 위해 모든 것을 바친 이회영을 기리기 위한 곳이에요. '우당'은 이회영의 호이지요. 기념관 입구에 들어서면 먼저 이회영 조각상이 우리를 맞아 주어요. 양쪽 벽면에는 이회영의 가문과 육 형제의 독립운동을 소개한 신문 기사가 크게 확대되어 걸려 있어요. 그리고 안으로 들어서면 만주로 떠나기로 결심하는 육 형제의 회의 모습이 보이지요.

기념관은 여섯 주제로 나뉘어 구성되어 있어요. 먼저 이회영의 삶을 한눈에 볼 수 있도록 글과 사진 등이 전시되어 있어요. 그리고 이회영과 함께 독립운동을 했던 애국지사 34명의 초상화도 시기별로 전시되어 있지요. 또한 삼원보에 세웠던 경학사 설립에 대한 글과 헤이그 특사인 이상설, 이준, 이위종이 가지고 간 고종의 위임장을 볼 수 있어요. 그 밖에도 독립운동과 관련된 여러 자료와 사진이 전시되어 있어요.

우당 기념관
위치 서울 종로구 필운대로10길 17 유니온빌
전화 02-734-8851
관람료 무료
홈페이지 http://www.woodang.or.kr

1971년 3월, 존경받는 한 기업가가 세상을 떠났어요. 일생을 우리 민족을 위해 많은 일을 했고, 전 재산을 사회에 돌려준 그 사람은 바로 유일한이에요.

"사람은 죽으면서 돈을 남기고 또 이름을 남기기도 합니다. 그러나 가장 값진 것은 사회를 위해서 남기는 '그 무엇'입니다."

유일한이 말하는 '그 무엇'은 무엇일까요? 지금부터 그의 삶을 따라가며 알아보아요.

전 재산을 사회에 돌려준 기업가 유일한

머나먼 땅 미국으로 떠나다

아버지의 희망

청일 전쟁이 한창이던 1895년, 유일한★은 아홉 남매의 맏아들로 태어났어요. 아버지는 평양에서 손꼽히는 상인이었고 큰아들에 대한 남다른 교육열을 가지고 있었어요. 어느 날 교회에서 두 명의 아이를 미국에 보내 공부시키겠다는 말을 듣고 아버지는 아들을 미국에서 공부시킬 수 있는 기회라 생각했어요.

"바다 건너 먼 곳에 미국이라는 나라가 있단다. 그곳에 가서 열심히 공부하고 돌아오도록 해라."

★유일한 원래 이름은 일형이었어요. 17세 때 대한의 아들임을 잊지 말자는 의미에서 일한(一韓)으로 바꾸었어요.

전 재산을 사회에 돌려준 기업가 유일한

유일한이 미국으로 떠나는 날이 다가올수록 가족들은 슬퍼했어요. 아버지는 일한에게 멋진 양복과 구두를 사 주었지요. 그리고 사진관에 가서 함께 사진도 찍었어요. 미국으로 떠나는 날, 일한은 아버지의 손을 잡고 인천항에 도착했어요. 그리고 눈물을 흘리며 배에 올랐지요. 일한은 부모님 품을 떠나기에는 너무 어린 아홉 살이었어요. 1904년, 유일한을 태운 배는 머나먼 땅 미국을 향해 떠났어요.

낯선 미국 땅에 도착했어요

배는 한 달 만에 미국 샌프란시스코에 도착했어요. 높은 건물이 늘어선 샌프란시스코는 우리나라와는 완전히 다른 세상이었지요. 그리고 기차로 다시 며칠을 달려 도착한 곳은 미국 땅 한가운데 있는 네브래스카주의 커니라는 작은 농촌 마을이었어요. 유일한은 두 자매의 집에 머물며 학교에 다니기 시작했어요.

전 재산을 사회에 돌려준 기업가 유일한

유일한은 학교에서 돌아오면 두 자매를 도와 물을 길었고 집안 청소도 했어요. 겨울에는 벽난로가 꺼지지 않게 새벽에 일어나 석탄이나 장작을 넣었지요. 일한은 성실하게 일했고 두 자매도 일한을 정성스럽게 돌보아 주었어요. 자매의 도움으로 일한은 영어도 빨리 배울 수 있었지요. 일한은 방학 때에는 한인 소년병 학교에도 다녔어요.

한인 소년병 학교에 다녔어요

1909년, 방학을 이용하여 독립군을 키우기 위해 한인 소년병 학교가 문을 열었어요. 학교를 연 사람은 박용만으로, 그는 훗날 상하이 임시 정부의 외무총장(외교부 장관)을 지냈지요. 박용만은 위기에 처한 나라를 지키기 위해서는 군사력을 키워야 한다고 생각했어요. 같은 생각을 가진 미국에 있는 동포들이 조금씩 모아 준 돈으로 소년병 학교가 문을 열었지요. 처음에 학생 13명에서 시작한 학교는 시간이 지나면서 학생이 30여 명으로 늘어났어요. 유일한은 그중 가장 어린 학생이었지요.

전 재산을 사회에 돌려준 기업가 유일한

소년병 학교에서의 생활은 힘들었어요. 매일 아침 6시에 태극기를 게양하고 오전에는 일을 해야 했어요. 오후에는 수업을 받거나 뜨거운 뙤약볕 아래서 힘든 군사 훈련을 받았지요. 그 무렵 우리나라가 일본의 식민지가 되었다는 소식이 전해졌어요. 학생들은 우리나라의 독립을 위해 힘든 훈련을 참고 이겨 냈지요. 유일한은 소년병 학교에서 조국의 독립과 나라를 위하는 일이 무엇인지 배울 수 있었어요.

헤이스팅스에서 유명한 학생이 되었어요

1911년, 유일한은 헤이스팅스 고등학교에 입학했어요.
그 무렵 일한은 일본 사람의 방해로 아버지의 장사가 어려워져
가족들이 만주로 떠난다는 소식을 들었어요.
아버지가 보내 주던 학비도 못 받게 되었지요.
유일한은 가족들 걱정으로 마음이 무거웠어요.
하지만 새벽에는 신문을 배달하고 수업이 끝나면
식당에서 접시를 닦으며 열심히 생활했어요.

전 재산을 사회에 돌려준 기업가 유일한

유일한은 학교 미식축구팀에도 들어갔어요. 학비도 면제받을 수 있고 체력도 키울 수 있기 때문이었어요. 어느 날 유일한은 이웃 학교와의 경기에서 지고 있던 경기를 승리로 이끌었어요. 이를 계기로 헤이스팅스 지역에서 유명한 학생이 되었고, 학교를 빛낸 공으로 장학금까지 받았지요. 그 후에는 미식축구부 주장으로 팀을 이끌었어요. 그리고 유일한은 운동뿐만 아니라 성적도 뛰어난 학생이었어요.

미국에서 성공한 사업가가 되다

고민에 빠졌어요

고등학교 졸업을 앞둔 어느 날 유일한은 아버지로부터 뜻밖의 편지를 받았어요. 형편이 어려워진 집안을 이끌어 주기를 바라는 내용이었지요. 유일한은 가족들 걱정에 당장 돌아가고 싶었어요. 하지만 지금 돌아가면 공부할 기회가 영영 없을 것 같았지요. 딱한 사정을 들은 선생님의 도움으로 유일한은 은행에서 100달러를 빌릴 수 있었어요. 당시 100달러는 몇 년을 걱정 없이 살 수 있는 큰돈이었지요. 유일한은 아버지께 자신의 결심을 적은 편지와 함께 돈을 보냈어요.

전 재산을 사회에 돌려준 기업가 유일한

고등학교를 졸업한 유일한은 회사에 취직했어요. 빌린 돈을 갚고 생활비를 벌기 위해 밤에도 근무했어요. 1년 동안 열심히 일한 덕분에 은행에서 빌린 돈도 갚고 대학 등록금까지 모을 수 있었지요. 1916년, 유일한은 미시간 대학교 경영학과에 입학했어요. 경영학과를 선택한 이유는 한국으로 돌아가 민족에 도움이 되는 큰 회사를 세우겠다는 생각을 가지고 있었기 때문이에요.

한인 자유 대회에 참가했어요

1919년, 우리나라에서 3·1 운동이 일어났어요. 일제 경찰의 총탄에 쓰러지면서도 곳곳에서 "대한 독립 만세!"를 외쳤지요. 독립운동은 우리나라는 물론 우리나라 사람이 사는 전 세계로 퍼져 나갔어요. 미국에 사는 한국인들도 1919년 4월 14일부터 필라델피아에 모여 '한인 자유 대회'를 열었어요. 이곳에 24세의 청년 유일한도 있었지요.

전 재산을 사회에 물려준 기업가 유일한

"대한 독립 만세!"
큰 소리로 만세를 부르는 사람들의 눈에는 뜨거운 눈물이 흘렀어요. 3일 동안 이어진 대회에서 일제의 만행★을 알리고 독립을 외쳤지요. 마지막 날 유일한은 우리나라가 일본의 지배에서 벗어나 독립을 해야 한다는 결의문을 읽었어요. 그리고 참석한 사람들은 태극기를 들고 힘찬 목소리로 만세를 부르며 행진했지요. 유일한은 조국의 독립과 이날의 감동을 마음속 깊이 새겼어요.

★ 만행 야만스러운 행동을 말해요.

숙주나물을 판매했어요

유일한은 대학을 졸업하고 미국에서 손꼽히는 큰 회사에 취직했어요. 회사에서는 유일한의 성실함과 뛰어난 능력을 인정하여 아시아 지역의 책임자 자리를 주려고 했어요. 하지만 유일한에게는 다른 목표가 있었지요. 그는 3년간 회사에서 쌓은 경험을 바탕으로 자신의 사업을 하고 싶었어요.
"이제부터 내 힘으로 사업을 시작하는 거야!"

전 재산을 사회에 돌려준 기업가 유일한

처음 시작한 사업은 호미리*가 제안한 숙주나물 장사였어요. 숙주나물은 중국 사람들이 좋아하는 음식에 꼭 들어가는 재료였어요. 하지만 숙주나물은 빨리 시들어 신선하지 않다고 생각했어요. 유일한은 이 문제를 해결하면 미국인에게도 팔 수 있어 큰돈을 벌 수 있을 것이라고 내다보았어요. 그리고 숙주나물을 깨끗하게 씻고 속이 보이는 유리병에 담아서 판매하는 방법을 생각해 냈지요. 생각은 맞아떨어져 주문이 밀려들어 왔어요.

★ **호미리** 유일한이 대학 때 만난 중국계 미국인으로, 후에 유일한과 결혼했어요.

라초이 식품 회사를 세웠어요

'숙주나물 유리병은 잘 깨지고, 제때 팔지 못하면 모두 버려야 해. 새로운 방법이 없을까?'

유일한은 숙주나물을 안전하고 오래 보관할 방법이 필요했어요. 그리고 어느 날 중국 식당에서 뜨거운 물에 숙주나물을 살짝 데쳐 요리하는 것을 봤지요. 여기에서 힌트를 얻은 유일한은 숙주나물을 살짝 데쳐서 통조림을 만들었어요. 통조림은 옮기기도 쉽고 오래 보관할 수 있었어요.

전 재산을 사회에 돌려준 기업가 유일한

유일한은 대학 친구 월리스 스미스와 함께 '라초이' 식품 회사를 만들었어요. '라초이'는 숙주나물이라는 뜻이에요. 유일한은 신문 광고를 통해 숙주나물 요리법과 숙주가 우리 몸에 어떻게 좋은지를 홍보했어요. 광고 덕분에 주문이 쏟아져 들어왔지요. 유일한은 돈을 많이 벌었고 미국에서 성공한 사업가가 되었어요.

민족의 기업, 유한양행을 세우다

한국으로 돌아왔어요

유일한은 성공한 사업가였지만 마음은 편하지 않았어요. 부모님과 가족 그리고 조국에 대한 생각 때문이었어요. 오랜 고민 끝에 유일한은 잘되고 있던 통조림 사업을 그만두었어요. 그리고 한국으로 돌아가 무슨 일을 할까 곰곰이 생각했지요. 그때 생각한 것이 바로 의약품 사업이에요. 당시 한국에는 약만 먹으면 금방 나을 수 있는 병으로 죽는 사람이 많았어요. 약을 구할 수 없었기 때문이에요.

"건강해야만 잃었던 나라를 되찾을 수 있다!"

전 재산을 사회에 돌려준 기업가 유일한

20여 년 만에 한국으로 돌아온 유일한은 1926년 12월 10일, 의약품 회사인 '유한양행'을 세웠어요. 먼저 결핵약, 피부병 치료제 등 꼭 필요한 약을 수입해 싸게 팔았지요. 신문 광고를 통해 어떤 병에 어떤 약이 좋은지 알려 주고 전문 의사와 약사의 이름을 적어 믿음을 쌓아 갔어요. 그리고 1936년에 유일한은 자신의 꿈이었던 유한양행을 주식회사★로 만들었어요.
"기업은 개인의 것이 아니라 사회와 종업원의 것이다!"
유일한은 유한양행의 주식을 그동안 회사 발전에 힘쓴 직원들에게 골고루 나누어 주었어요.

★주식회사 개인이 주인이 아니라 회사의 주식을 가진 사람이 주인인 회사예요.

유한양행, 민족의 기업으로 우뚝 서다

유일한은 우리 기술로 좋은 약을 만들고 싶었어요. 유한양행 연구실은 밤늦도록 불이 꺼지지 않았지요. 그리고 마침내 염증을 치료하는 '안티푸라민'이라는 연고가 개발되었고, 뒤이어 구충제, 비타민 등이 개발되었어요. 유한양행에서 만든 약은 효과가 뛰어났어요. 그 이유는 약의 용량이 정확했기 때문이에요. 사람들은 유한양행의 버드나무 상표가 붙은 약이면 믿고 살 수 있었어요. 유한양행의 직원들도 자부심을 가지고 열심히 일했지요.

전 재산을 사회에 돌려준 기업가 유일한

부천 공장 완공식

유일한이 바라는 것은 이익만이 아니라, 사람들에게 믿음을 주고 건강과 생명을 지켜 주는 기업이었어요. 유일한의 이런 생각은 부천 공장이 완공되는 날에 기념 행사에서 했던 연설에 잘 나타나 있어요.

"우리 유한양행은 어느 개인을 위해서 있는 것이 아닙니다. 굶주리고 고통받는 우리 동포를 위해서 있는 것입니다. 여러분은 좋은 상품을 만들어 나라와 민족을 위해 봉사한다는 정신을 한순간이라도 잊어서는 안 됩니다. 우리 유한양행은 민족과 함께 커 가고 민족을 위해 봉사하는 민족 기업이기 때문입니다."

정말 좋은 회사야.

멋진 연설이야.

OSS와 냅코 작전

1938년 4월, 유일한은 사업을 키우기 위해 미국으로 건너갔어요. 그런데 1941년 12월에 일본과 미국 사이에 태평양 전쟁이 발발했어요. 전쟁으로 한국에 돌아올 수 없었던 유일한은 미국 전략 첩보국(OSS)의 한국 담당 고문을 맡았어요. 미국에서 한국 독립운동에 참여한 것이에요. OSS는 미국이 일본과 싸우며 비밀리에 정보를 모았던 비밀 정보기관이에요. 현재 이름은 중앙 정보국(CIA)이지요.

1945년에 OSS는 일본을 물리치기 위해 비밀리에 '냅코 작전'을 준비했어요. 이 작전은 특수 훈련을 받은 사람들이 비행기와 잠수함을 이용해 몰래 한국에 들어와 일본을 몰아내려는 것이었어요. 이 작전의 주인공은 조국의 독립을 위해 특수 훈련을 받은 한국인들이에요. 유일한은 50세의 나이에 힘든 훈련을 받았어요. 훈련을 마친 유일한과 대원들은 조국의 독립을 위해 한국에 가는 날을 손꼽아 기다리고 있었지요. 그런데 1945년 8월 15일에 일본이 항복하면서 작전은 필요 없게 되었어요. 1995년, 뒤늦게 이 사실이 알려지면서 정부에서는 유일한에게 건국훈장 독립장을 수여했지요.

★건국훈장 독립장 대한민국의 건국과 독립운동에 큰 공을 세운 사람에게 주는 훈장이에요.

정치 자금을 거부했어요

1946년에 유일한은 한국으로 돌아와 다시 사업을 시작했어요. 그러던 어느 날, 이승만 대통령이 유일한에게 정치 활동에 필요한 돈을 요구했어요. 당시 기업인들은 정치인에게 서로 돈을 주려고 했어요. 그러면 세금도 적게 낼 뿐만 아니라 정부에서 하는 사업을 맡아 큰돈을 벌 수 있었기 때문이에요. 하지만 유일한은 한마디로 거절했어요. 정부는 유한양행이 세금을 덜 냈다는 터무니없는 이유를 들어 괴롭혔지요. 유일한은 한동안 미국에 가서 지내다가 한국으로 다시 돌아올 수 있었어요.

전 재산을 사회에 돌려준 기업가 유일한

박정희 정부 시절에도 정치인들은 기업에 정치 자금을 요구했어요. 유한양행 역시 많은 돈을 낼 것을 강요받았지요. 유일한은 한 푼도 안 된다고 거절했어요. 기업의 이윤은 국민을 위해 사용해야 한다고 생각했기 때문이에요. 화가 난 정부는 유한양행에 대한 세금 조사를 시작했어요. 그런데 아무리 조사해도 단 한 건의 잘못도 발견하지 못했지요. 유일한은 늘 제때 정직하게 세금을 꼬박꼬박 냈거든요. 오히려 이 일로 유한양행은 세금을 모범적으로 내는 회사로 뽑혀 정부로부터 훈장을 받았어요.

존경받는 기업인이 되다

전문 경영인에게 회사를 맡겼어요

1966년, 어느덧 유일한은 71세가 되었어요. 유한양행도 회사를 운영할 새로운 사장을 생각해야 할 때가 되었지요. 직원들은 미국에서 변호사로 일하고 있는 유일한의 아들 유일선을 새로운 사장으로 추천했어요. 그런데 유일한의 생각은 달랐어요. 아들은 회사 운영 경험이 없었거든요. 하지만 직원들의 설득으로 결국 아들 유일선을 부사장으로 앉혔지요. 유일선 부사장은 젊고 능력이 뛰어났어요. 하지만 회사를 키우고 돈을 버는 데만 주로 관심을 두었지요.

전 재산을 사회에 돌려준 기업가 유일한

1969년 어느 날, 유일한은 긴급회의를 열었어요. 회의에서 유일한은 앞으로 유씨 성을 가진 사람은 유한양행의 사장이 될 수 없다고 했어요. 그리고 아들 유일선을 부사장에서 해임*하였어요. 유일한의 고집을 아무도 꺾을 수 없었어요. 그 후 유일한은 직원 중 능력 있는 사람에게 사장 자리를 넘기고 은퇴하였어요. 우리나라 최초로 물려받은 가족이 아닌 전문 경영인*이 운영하는 기업이 탄생한 것이지요.

★**해임** 맡은 임무를 그만두게 한다는 뜻이에요.
★**전문 경영인** 기업 경영에 전문적인 지식과 경험을 갖춘 사람이에요.

우리나라의 희망은 젊은이에게 있다

교육가를 꿈꾸기도 했던 유일한은 1964년에 유한 공업 고등학교를 세웠어요. 유한 공업 고등학교는 돈이 없어 공부를 포기했던 학생들에게 장학금을 주어 배움의 기회를 열어 주었어요. 유일한은 나라의 희망이 젊은이에게 있다고 생각했어요. 돈을 버는 이유가 자라나는 청소년을 가르치기 위한 것이라고 말할 정도였지요. 유일한은 젊은 기술자들을 길러 내는 것이 자신이 민족을 위해 마지막으로 할 수 있는 일이라고 생각했어요.

전 재산을 사회에 돌려준 기업가 유일한

"유한동산에는 결코 울타리를 치지 말고 학생들이 마음대로 드나들게 하여, 어린 학생들의 티 없는 맑은 정신을 지하에서나마 더불어 느끼게 해 달라." 유일한은 이런 유언을 남기고 1971년 3월 11일에 76세의 나이로 세상을 떠났어요. 장례식 날에는 많은 사람들이 슬퍼했어요. 특히 유한양행의 직원들과 유한 공업 고등학교 학생들은 유일한을 생각하며 눈물을 흘렸지요. 묘지는 유일한이 사랑했던 유한 공업 고등학교 안에 만들어졌어요.

우리도 마음껏 공부할 수 있어.

유일한의 유언장과 그가 남긴 물건

장례식이 끝나고 며칠 후 유일한의 유언장이 공개되었어요.

"손녀 유일링에게는 대학을 졸업할 때까지 필요한 학비로 1만 달러를 준다. 딸 유재라에게는 유한 공업 고등학교 안에 있는 묘소와 땅 5천 평을 물려준다. 단, 이곳을 울타리 없는 유한동산으로 꾸며 학생들이 자유롭게 드나들며 뛰놀게 하라. 아들 유일선은 대학까지 공부시켜 줬으니 자립해서 살아가도록 하라. 그리고 나머지 모든 재산은 교육과 사회사업을 하도록 기증한다."

당시 유일한이 기증한 유한양행의 주식 14만 941주는 그의 전 재산이었어요.

★**자립** 남에게 의지하지 않고 스스로 알아서 한다는 뜻이에요.

전 재산을 사회에 돌려준 기업가 유일한

유일한의 유언장 내용을 전해 들은 사람들은 충격을 받고 입을 다물지 못했어요. 더 놀라운 사실은 엄청난 부자였던 유일한이 남긴 것이 단지 구두 두 켤레와 양복 세 벌, 그리고 손때 묻은 가방이나 모자처럼 생활에 꼭 필요한 물건이 전부였다는 것이었어요. 항상 민족을 먼저 생각했던 유일한의 삶은 우리 마음속에 오래도록 남을 거예요.

그 재산을 다 기부하다니….

유일한 기념관을 찾아서

서울시 동작구 대방동에 자리한 유한양행 본사 1층에는 유일한 기념관이 있어요. 기념관 입구에서는 양복에 나비넥타이를 맨 유일한의 사진이 방문객을 맞이하고 있지요. 그런데 특이하게도 이용 시간이나 휴관일에 대한 설명이 없어요. 입구에는 이렇게 쓰인 안내 문구가 있지요.

"방문객 여러분은 언제라도 관람하실 수 있습니다."

유일한 기념관
위치 서울시 동작구 노량진로 74
전화 02-828-0181
관람료 무료
홈페이지 http://www.yuhan.co.kr/Founder/founder_main.html

전시실 왼쪽 벽면을 따라 유일한의 삶을 사진과 글로 볼 수 있도록 구성해 놓았어요. 그리고 주제별로 '애국 사상과 독립운동', '기업 활동', '교육 사업과 공익사업', '언론에 비친 유일한'으로 구성하여 좀 더 자세히 그의 활동을 볼 수 있지요. 뿐만 아니라 전시실에서는 평소 유일한이 사용했던 물건, 정부에서 받은 훈장 그리고 재산 전부를 사회에 환원하고자 한 친필 유언장을 볼 수 있어요. 그리고 유일한의 삶을 기록한 다양한 책, 위인전 그리고 중학교 교과서도 전시되어 있어요.
경기도 부천에 있는 유한 대학교 도서관 1층에 가면 유일한 기념홀이 있어요. 그리고 유한양행 홈페이지에는 온라인 '유일한 기념관'이 있어 그의 삶과 정신을 살펴볼 수 있지요.

일제 강점기 때 전 재산을 바쳐 우리 문화재를 지킨 사람이 있어요. 바로 간송 전형필이에요.
그가 지킨 문화유산은 5천여 점에 달해요. 그중에는 고려청자 중 최고로 꼽히는
'청자 상감운학문 매병'과 세계 기록 유산으로 등재된 〈훈민정음 해례본〉이 있어요.
전형필은 어떤 생각으로 그 많은 문화재를 모으게 되었을까요?
그 과정을 함께 들여다보아요.

우리 문화유산 지킴이
전형필

큰 뜻을 품다

서울 부잣집 아들로 태어났어요

전형필은 1906년 서울 종로에서 손꼽는 부잣집의 막내아들로 태어났어요. 그의 할아버지와 작은할아버지 형제는 한집에 살고 있었어요. 두 집안 모두 1년에 수만 섬이 넘는 쌀을 거둬들이는 큰 부자였지요. 자손이 귀한 부잣집에서 태어난 전형필은 집안 어른들의 사랑을 듬뿍 받으며 자랐어요.

우리 문화유산 지킴이 전형필

그런데 전형필이 14세 되던 해에 양아버지이자 숙부였던 집안 어른이 돌아가셨어요. 이후 보름도 안 되어 친형마저 스물여덟의 젊은 나이에 갑작스레 죽었어요. 큰 슬픔을 연이어 겪고 난 전형필은 점점 어른스러워졌어요. 말수가 적고 생각이 많은 소년으로 변해 갔지요.

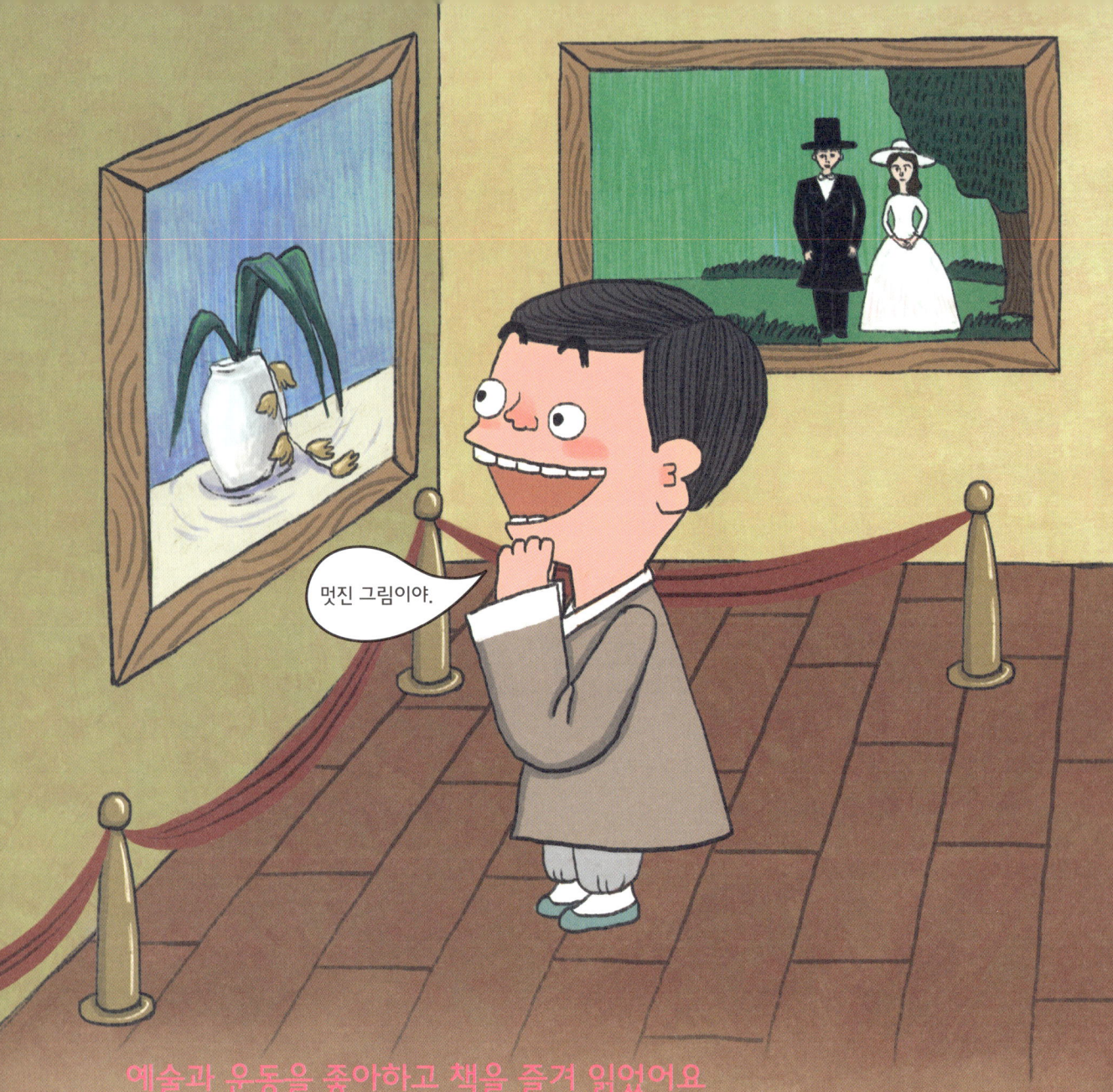

예술과 운동을 좋아하고 책을 즐겨 읽었어요

전형필은 1917년에 종로에 있는 어의동 보통학교(지금의 효제 초등학교)에 입학했어요. 한문과 더불어 새로운 학문을 공부하면서 전형필은 세상을 바라보는 눈을 조금씩 키웠지요.

휘문 고등 보통학교(지금의 휘문 고등학교)에 입학한 후에는 예술과 체육 활동에 남다른 재능을 보였어요. 전형필은 음악과 미술 감상을 즐겼고 야구부 주장으로 활동하기도 했어요.

우리 문화유산 지킴이 전형필

그리고 전형필은 어린 시절부터 책 읽기를 좋아했어요. 그의 가장 큰 즐거움은 책을 모으는 것이었어요. 일요일마다 종로의 옛 책방에서 책을 사 와 밤늦도록 읽곤 했지요. 그렇게 모인 책이 100권이 넘었어요. 아버지는 그런 아들을 위해 서재를 만들어 주었어요. 책을 읽고 생각에 잠기는 서재라는 공간은 전형필에게 더할 나위 없이 행복한 곳이었어요.

일본으로 유학을 떠났어요

전형필이 고등학교를 졸업하자, 아버지는 아들이 법대를 나와 변호사가 되기를 바랐어요. 하지만 전형필은 일본인들이 만든 법을 공부하기가 싫었어요. 아버지는 법을 몰라 피해를 보는 우리 국민들을 도울 수 있을 거라며 설득했지요. 결국 전형필은 아버지의 뜻에 따라 1926년에 도쿄 와세다 대학 법과에 입학했어요. 하지만 일본 유학 시절은 식민지 백성의 현실을 뼈저리게 느끼는 시간이었어요. 조선 사람을 깔보는 일본인을 보면서 그는 괴로운 시간을 보냈지요.

우리 문화유산 지킴이 전형필

책을 모으는 취미는 일본에서도 계속되었어요. 강의가 없을 때는 서점을 즐겨 찾았지요. 어느 날 전형필이 서점에서 책의 목록을 보고 있을 때 일본인 친구가 비웃으며 말했어요.

"자네, 그런 다양한 종류의 책을 다 모을 수 있겠어?"

전형필은 그 말이 '너희 민족에게 그만한 책이 있니? 조선인 주제에 별수 있겠어?'라는 뜻으로 들렸어요. 이 일을 계기로 전형필은 조선에도 훌륭한 문화가 있다는 것을 보여 줄 도서 문고를 만들겠다는 결심을 했어요.

오세창 선생을 만났어요

전형필은 법을 공부하고 있지만 이게 맞는 길인지 계속 고민하고 있었어요. 그래서 방학이 되어 집에 잠시 돌아왔을 때, 고등학교 때 미술 선생님이었던 고희동을 찾아갔어요. 믿고 존경하는 선생님의 조언이 필요했지요. 고희동은 최초의 도쿄 유학생으로, 도쿄 미술 학교에서 서양화를 공부했어요. 이후에는 전통적인 동양화로 길을 바꾸었고, 항일 정신과 함께 전통문화를 보호하는 데 힘썼어요. 따라서 전형필의 고민을 잘 이해할 수 있었지요. 고희동은 전형필에게 우리 문화와 예술품을 지키는 것은 어떤지 물었어요. 고등학교 때부터 전형필의 예술적인 감각을 눈여겨보고 있었거든요.

며칠 후 전형필은 고희동을 따라 오세창의 집을 찾아갔어요. 오세창은 3·1 운동이 일어났을 때 민족의 대표로서 독립 선언서에 서명한 민족 대표 33인 중 한 사람이에요. 또한 서예가로 유명할 뿐만 아니라 옛글과 그림을 잘 알고 있었어요. 전형필이 글과 그림 등 우리 문화유산에 관심을 갖게 된 것은 오세창을 만나면서 시작되었어요.

큰 뜻을 세웠어요

오세창은 전형필을 처음 만났을 때는 별 기대를 하지 않았어요. 하지만 이야기를 나누면서 그의 진심을 알게 되었지요. 그 후 전형필은 오세창의 집을 드나들며 우리 문화유산에 대한 눈을 키워 갔어요.
"형필 군, 직접 그림을 한번 사 보게. 그러면 많이 배우게 될 거야. 그리고 그림을 살 때 값을 깎지 말게. 값을 깎는 사람에게 누가 좋은 그림을 내놓겠는가?"
전형필은 오세창의 말을 가슴 깊이 새겼어요.

우리 문화유산 지킴이 전형필

오세창은 전형필이 볼수록 믿음직한 젊은이라고 생각했어요. 그리고 '간송'이라는 호를 지어 주었지요. 추운 겨울 산골짜기에 얼지 않고 흐르는 맑은 물과 사시사철 푸른 소나무와 같은 마음을 지니라는 의미예요. 전형필 또한 오세창의 문화유산 사랑에 감동을 받았어요. 그리고 자신이 무엇을 해야 할지 곰곰이 생각하기 시작했어요.

자네 호는 '간송'이 어떤가?

멋져요! 이름대로 살겠습니다.

많은 재산을 물려받았어요

일본에 있던 전형필에게 아버지가 세상을 떠났다는 슬픈 소식이 전해졌어요. 1930년 봄에 서울로 돌아온 전형필은 집안 어른들이 물려주신 재산을 정리하기 시작했어요. 서울과 경기도, 그리고 황해도와 충청도의 땅을 둘러보면서 자신이 물려받은 재산에 놀랐지요. 전형필의 땅은 800만 평으로, 매년 가을마다 약 2만 석의 쌀을 거두었어요. 2만 석은 당시 15만 원 정도였는데, 기와집 150여 채를 살 수 있는 큰돈이었어요.

우리 문화유산 지킴이 전형필

"이 많은 재산을 어떻게 관리하고 활용해야 할까? 내게 물려주신 귀중한 재산을 뜻있게 써야 할 텐데……."
전형필은 우리의 귀중한 문화유산을 지켜 달라는 오세창의 말이 떠올랐어요. 결국 자신의 재산을 우리나라의 문화유산을 지키는 데 쓰기로 결심했어요. 언젠가 나라를 되찾을 때 후손들이 우리의 자랑스러운 문화를 꼭 알 수 있도록 하기 위해서였지요.

163

문화유산 수집에 온 힘을 기울이다

한남서림을 통해 문화유산을 모았어요

일제 강점기 때 일본 사람들은 우리 문화재를 마구 파헤치고 일본으로 빼돌렸어요. 전형필은 자신의 재산을 털어 우리의 문화재를 지키기로 마음먹었어요. 1932년, 전형필은 운영에 어려움을 겪던 '한남서림'을 인수했어요. 한남서림은 서점이자 출판사로, 옛 책과 그림을 사고팔던 곳이었어요.

우리 문화유산 지킴이 전형필

전형필은 옛 그림, 책, 도자기 등을 사들일 때 값을 깎지도 않고 오히려 후하게 값을 치렀어요. 만약 팔려는 사람이 물건의 가치를 몰라 싼값을 부르면 두세 배의 돈을 주며 가치를 매겼지요. 그래서 사람들은 좋은 물건을 구하면 앞다투어 전형필에게 달려왔어요. 그러다 보니 한남서림은 책과 그림, 도자기를 팔려는 사람들로 늘 북적였어요.

아궁이에서 건진 정선의 그림

양반집을 찾아다니며 책과 그림을 구해 서울에 있는 큰 상인에게 물건을 넘기는 장형수라는 상인이 있었어요. 어느 날 그는 경기도 용인의 큰 기와집에서 하룻밤 머물다가 그 집 하인이 아궁이에 불을 때는 것을 보았어요. 아궁이 옆에는 불쏘시개로 쓸 책이 쌓여 있었지요. 그중에 한 책을 펼쳐 보니 여러 장의 그림이 묶여 있는 그림책이었어요. 장형수는 집주인에게 땔감값으로 20원을 주고 그 그림책을 샀어요. 그리고 한남서림의 전형필을 찾아 한걸음에 달려왔어요.

우리 문화유산 지킴이 전형필

전형필은 그림을 보자마자 천 원을 제시했어요. 장형수는 깜짝 놀랐어요. 당시 천 원이면 기와집 한 채를 살 수 있는 돈이었거든요. 그 그림이 바로 보물로 지정된 〈해악전신첩〉이에요. 조선 후기 최고의 화가, 정선이 금강산을 직접 다녀온 후에 그린 유명한 그림이지요. 금강산의 아름다운 경치가 사실 그대로 여러 장면에 그려져 있어요. 불쏘시개로 사라질 뻔한 이 그림은 간송 미술관에 보관되어 있답니다.

★ 해악전신첩 '바다와 산악의 정신까지 그려 내는 그림책'이란 뜻으로, 정선이 금강산과 동해안 일대의 이름난 곳을 그린 산수화를 모은 것이에요.

천 마리 학이 날다

골동품을 취급하는 일본인 마에다는 천 마리 학이 구름을 헤치고 하늘로 날아가는 것 같다고 해서 이름 붙인 '천학매병'이라는 청자를 가지고 있었어요. 천학매병에 먼저 관심을 보인 건 조선 총독부였어요. 총독부에서 1만 원에 사겠다고 하자 마에다가 거절했어요. 천학매병으로 큰돈을 챙기려는 마에다는 청자 가격을 2만 원으로 올렸어요. 그리고 널리 알리기 위해 사진을 찍어 돌렸어요. 천학매병을 본 전형필은 주저하지 않고 땅을 팔아 사들였어요.

★**매병** 입구가 좁고 짧으며, 어깨는 넓고 밑이 갸름하게 생긴 병이에요.

그런데 일본에 있는 무라카미 역시 천학매병을 사고 싶어 했어요. 무라카미는 서둘러 전형필을 찾아 한국에 왔어요. 그리고 천학매병을 산 가격의 두 배를 준다고 했지요. 하지만 전형필은 단칼에 거절했어요.
"이 천학매병보다 더 좋은 청자를 가져온다면 산 가격에 드리겠습니다."
무라카미는 결국 포기했어요. 이 천학매병보다 좋은 청자를 구할 수 없었기 때문이에요. 일본으로 넘어갈 뻔했던 이 청자가 바로 고려 청자 중 가장 아름답다는 '청자 상감운학문 매병'이에요.

영국인에게서 고려청자를 사들였어요

일본에 있는 영국인 변호사 존 개스비는 20여 년간 우리의 청자 중 명품만 골라 모았어요. 그런데 어느 날 개스비가 그동안 모아 온 청자를 팔고 영국으로 돌아간다는 소식이 전해졌어요. 전형필은 청자를 사기 위해 급히 땅을 팔고 일본으로 갔어요. 개스비가 내놓은 청자는 모두 20여 점으로, 모두 뛰어난 명품이었어요. 전형필이 응접실에서 아름다운 청자들을 정신없이 보고 있을 때 개스비가 나타났어요.

"이 청자들을 조선인이 가져가게 되어 대단히 기쁩니다."
"오랫동안 애장했던 수집품들과 헤어지게 돼 많이 섭섭하시겠습니다. 보고 싶으면 언제든지 오십시오."
오랜 흥정 끝에 전형필은 40만 원을 주고 청자들을 가져올 수 있었어요. 그 당시 40만 원은 기와집 400여 채를 살 수 있는 가격이었지요. 현재의 가치로 약 1200억 원에 해당하는 큰돈이에요. 전형필이 개스비로부터 사들인 청자는 매병, 향로, 연적 등 종류가 다양했어요. 그중에서 네 점은 현재 국보로 지정되어 있지요. 만약 이때 전형필이 청자를 사들이지 않았다면 우리는 아름다운 우리 문화유산을 일본에서 감상해야 했을 거예요.

국보 제65호 청자 기린형뚜껑 향로
국보 제270호 청자 모자원숭이모양 연적
국보 제74호 청자 오리모양 연적
국보 제66호 청자 상감연지원앙문 정병

간송이 지킨 것은 우리의 정신이었다

경매장에서 한판승을 거두었어요

1936년 11월 22일, 경성 미술 구락부에서 경매가 벌어졌어요. 이날 경매에서 사람들의 눈길을 사로잡은 것은 조선백자였어요. 처음 5백 원에서 시작한 경매 가격은 어느새 1만 원을 넘어섰어요. 경매는 일본 상인 야마나카와 조선 청년 전형필 두 사람으로 좁혀졌어요. 그때 전형필이 외쳤어요.

★**경성 미술 구락부** 일제 강점기 서울에 있던 미술품 경매 기관이에요.
★**경매** 물건을 사려는 사람이 여럿일 때 값을 가장 높이 부르는 사람에게 파는 방법이에요.

우리 문화유산 지킴이 전형필

"1만4천 5백8십 원!"

경매를 지켜보던 많은 사람이 깜짝 놀랐어요. 그 가격은 경성 미술 구락부 경매 역사상 최고 금액이었거든요. 전형필이 찾아온 백자는 바로 '백자 청화철채동채초충문 병'이에요. 마치 향기를 뿜어내는 듯한 국화와 난초, 풀벌레를 도드라지게 새겨 넣은 백자예요. 백자 중에 최고의 작품으로, 현재 국보로 지정되어 있어요.

신윤복의 그림을 찾아왔어요

신윤복의 그림을 본 적이 있나요? 신윤복은 김홍도와 함께 조선 후기의 대표적인 풍속화가예요. 우리는 두 사람이 그린 풍속화를 통해 당시 사람들의 생활 모습을 짐작할 수 있지요. 그런데 두 사람의 그림은 조금 다른 점이 있어요. 김홍도가 서민들의 일상적인 생활 모습을 많이 그렸다면, 신윤복은 여인들의 모습을 많이 그렸거든요. 신윤복의 그림 중에서 가장 대표적인 것이 '미인도'예요.

조선에 이런 그림이 있었다니!

우리 문화유산 지킴이 전형필

우리가 '미인도'를 비롯해 신윤복의 그림을 쉽게 볼 수 있게 된 것도 전형필 덕분이에요. 그는 1936년에 신윤복의 그림 30여 점이 일본에 있다는 것을 알게 되었어요. 그림을 사진으로 찍어 많은 일본 사람이 보게 되면서 그 가치는 하늘 높이 치솟고 있었지요. 전형필은 당장이라도 일본에 가서 그림을 사 오고 싶었으나 뜻대로 되지 않았어요. 신윤복의 그림을 가지고 있던 일본인이 전형필이 제시한 돈보다 훨씬 많은 액수를 요구했기 때문이에요. 전형필은 끝까지 포기하지 않았어요. 그리고 몇 년 후 오사카에 있는 고미술상으로부터 신윤복의 그림을 사들였답니다.

〈훈민정음 해례본〉을 목숨 걸고 지켜 냈어요

1943년 7월, 전형필은 한남서림을 바쁘게 지나가는 한 상인이 수상해서 그를 불렀어요.

"경북 안동에서 〈훈민정음 해례본〉이 나타났는데 책 주인이 무려 천 원을 불렀습니다."

"그래요? 진짜가 틀림없다면 책 주인에게 만 원을 드리고 선생께는 천 원을 드리겠소."

상인은 깜짝 놀랐어요. 전형필은 곧 상인이 알려 준 안동으로 사람을 보내 마침내 〈훈민정음 해례본〉을 구할 수 있었어요.

아무에게도 말하지 마십시오.

쉿!

우리 문화유산 지킴이 전형필

1940년대, 일본의 탄압으로 우리말과 글을 못 쓰고 이름도 일본 이름으로 바꾸어야 했어요. 〈훈민정음 해례본〉이 발견되었다는 사실을 총독부가 알게 된다면 우리 민족의 손에 들어오지 못할 상황이었어요. 또한 〈훈민정음 해례본〉을 가지고 있는 사람은 목숨이 위태로웠지요. 전형필은 해례본을 가지고 있다는 것을 가족은 물론 그 누구에게도 말하지 않았어요. 1945년 일본이 항복하고 광복이 됐을 때에야 비로소 전형필은 그동안 감추어 두었던 〈훈민정음 해례본〉의 존재를 사람들에게 알렸지요.

간송이 지킨 보물

고려 사람들은 중국의 청자 기술을 그대로 따라 하지 않고 독특하고 아름다운 상감 청자를 만들었어요. 청자 상감운학문 매병은 고려 상감 청자 중 최고라는 평가를 받는 작품이에요. 신비로운 비색과 화려한 상감 무늬는 세계 어디에서도 찾아보기 힘들지요. 게다가 빙글빙글 돌려 보면 하늘에 떠 있는 구름 사이로 천 마리의 학이 나는 것처럼 보인다고 해요.
우리가 이 귀한 문화재를 볼 수 있는 것은 바로 전형필 덕분이에요.

상감 청자 만드는 방법
❶ 도자기 표면에 여러 가지 무늬를 새겨요.
❷ 다른 색의 흙을 전체적으로 바른 뒤 말려요.
❸ 흙을 긁어내요.
❹ 같은 무늬를 다시 새겨요(이 과정을 두세 번 반복해요).
❺ 낮은 온도의 열로 초벌구이를 해요.
❻ 초벌구이한 도자기에 유약을 바른 뒤 한 번 더 구우면, 완성!

전형필이 수집한 문화유산 중에 가장 눈에 띄는 것 중 하나가 〈훈민정음 해례본〉이에요. 〈훈민정음 해례본〉은 세종 대왕이 집현전 학자들에게 만들게 한 한글의 해설서예요. 해례본이 발견되기 전까지 우리는 한글이 세계에서 가장 훌륭한 문자라는 것은 알았지만 그 원리를 몰랐어요. 그런데 간송이 해례본을 공개하면서 한글을 창제한 이유와 글자를 만든 원리 그리고 사용법 등 한글 창제의 비밀이 비로소 밝혀지게 되었지요. 〈훈민정음 해례본〉은 세계에서 유일하게 제작 원리가 밝혀진 글자로 인정되어, 1997년 유네스코 세계 기록 유산으로 등록되었답니다.

우리 모두 문화유산 지킴이가 되어요!

일생을 걸고 우리 문화유산을 수집하던 전형필은 해방과 더불어 문화유산 모으는 활동을 그만두었어요.

"나라가 해방되었으니 누가 수집하든 우리 문화유산이 우리 땅에 존재하는 셈이니 그것으로 충분하다."

그리고 1950년에 6·25 전쟁이 일어났어요. 전형필은 피란길에 떠날 때에도 우리 문화유산을 지키기 위해 힘썼어요. 전쟁 후에는 또다시 문화유산 수집에 나서기도 했지요.

우리 문화유산 지킴이 전형필

1962년, 전형필은 57세라는 나이에 갑자기 세상을 떠나고 말았어요. 전형필은 일제 강점기에 우리 민족의 얼을 지키기 위해 젊음과 재산을 다 바쳤지요. 그는 물려받은 엄청난 재산으로 편안한 삶을 살 수도 있었지만, 우리 문화유산을 지키는 수호자의 길을 선택했어요. 비록 그는 세상을 떠났지만, 그가 지켜 낸 위대한 우리 문화유산은 영원히 우리 곁에 살아 있답니다.

민족의 얼이 담긴 간송 미술관

1938년, '빛나는 보물을 모아 둔 집'이라는 뜻의 우리나라 최초의 사립 미술관인 보화각이 설립됐어요. 후손에게 우리 민족의 찬란한 문화를 보여 주고자 했던 전형필의 뜻에 따라 세워진 것이에요. 1971년부터 이곳은 전형필의 호를 따서 '간송 미술관'이라고 부르고 있어요.

동대문 디자인 플라자

간송 미술관은 문화재 보호를 위해 매년 5월과 10월 중순경에 보름간 두 차례만 미술관을 개방했어요. 매년 이때가 되면 간송 미술관 앞은 몇 시간의 기다림도 마다하지 않는 사람들로 가득했지요. 현재 간송 미술관은 보존 공사를 위해 휴관 중이어서 그동안 동대문 디자인 플라자(DDP)에서 전시했는데, 머지않아 재개관한다고 하니 다시 만날 날을 기대해 보아요.

전형필은 자신이 지켜 낸 문화유산이 값비싼 예술품이 아니라 우리의 민족혼이라고 생각했어요. 세상을 떠나는 마지막 순간까지 그 문화재들을 정리하고 연구하는 일에 최선을 다했지요.

국보 제72호
금동계미명삼존불

보물 제580호
문경 오층석탑

보물 제1953호
정선 필 여산초당도

전형필이 일생을 걸쳐 지켜 낸 우리의 소중한 문화유산! 국보 12점, 보물 24점 등 5천여 점의 문화재와 민족의 혼이 간송 미술관에 간직되어 있는 만큼 간송 미술관은 계속해서 문화재 보호에 힘쓰고 있답니다.

간송 미술관
위치 서울 성북구 성북로 102-11
전화 02-762-0442
관람료 무료
홈페이지 http://kansong.org

그림으로 보는 정의로운 인물들

곽재우

연도	나이	사건
1552년	1세	경상도 의령 출생.
1567년	16세	스승인 남명 조식의 손녀와 혼인함.
1578년	27세	아버지를 따라 명나라에 다녀옴.
1585년	34세	과거에 합격했으나 취소됨.
1592년	41세	임진왜란 때 의병을 일으켜 일본군을 무찌름.
1593년	42세	성주목사에 임명됨.
1595년	44세	벼슬을 내려놓고 귀향함.
1597년	46세	정유재란 때 벼슬을 갖고 일본군에 맞서 싸움.
1599년	48세	병마절도사에 임명되었으나 벼슬을 거절하고 귀향함.
1617년	66세	일생을 마침.

김만덕

연도	나이	사건
1739년	1세	제주도 출생.
1750년	12세	부모님이 세상을 떠나자 기녀 집에서 살게 됨.
1758년	20세	관아의 기녀가 됨(추정).
1762년	24세	양인 신분을 회복하고 제주에 객주를 운영함.
1792년	54세	전국에 흉년이 계속됨.
1795년	57세	자신의 재산으로 쌀을 구입해 백성들을 구함.
1796년	58세	정조 임금에게서 의녀 반수라는 벼슬을 받음.
1797년	59세	금강산을 유람함.
1812년	74세	일생을 마침.

이회영

연도	나이	사건
1867년	1세	서울 저동(명동) 출생.
1904년	38세	상동 청년 학원을 설립함.
1905년	39세	을사늑약 무효와 을사오적 처단에 나섰으나 실패함.
1907년	41세	헤이그 만국 평화 회의 대표 파견을 건의함.
1910년	44세	일제에 국권을 빼앗겨 가족들과 만주로 떠남.
1911년	45세	만주에서 경학사를 조직함. 신흥 강습소(신흥 무관 학교)를 설립함.
1918년	52세	고종 황제 망명 계획을 추진함.
1919년	53세	대한민국 임시 정부 수립에 참여함.
1925년	59세	독립운동 비밀 조직인 다물단을 조직함.
1931년	65세	독립운동 비밀 조직인 흑색공포단을 지휘함.
1932년	66세	일본 경찰에 체포되어 고문 끝에 일생을 마침.

유일한

연도	나이	사건
1895년	1세	평안남도 평양 출생.
1904년	9세	미국으로 유학을 떠남.
1909년	14세	한인 소년병 학교에 입학함.
1916년	21세	미시간 대학교 경영학과에 입학함.
1919년	24세	필라델피아 한인 자유 대회에 참가함.
1922년	27세	라초이 식품 회사를 설립함.
1926년	31세	우리나라로 돌아와 유한양행을 창립함.
1945년	50세	냅코 작전에 참여함.
1964년	69세	유한 공업 고등학교를 세움.
1971년	76세	전 재산 사회 환원 유언장을 남긴 후 일생을 마침.

전형필

연도	나이	사건
1906년	1세	서울 종로 출생.
1926년	21세	휘문 고등 보통학교를 졸업함.
1930년	25세	와세다 대학 법학부를 졸업함.
1932년	27세	한남서림을 인수함.
1937년	32세	존 개스비로부터 고려청자 20여 점을 사들임.
1938년	33세	조선 최초 근대 사립 미술관인 보화각을 세움.
1940년	35세	보성 중학교를 인수함.
1943년	38세	〈훈민정음 해례본〉을 비밀리에 사들임.
1945년	40세	1년 동안 보성 중학교 교장을 맡음.
1962년	57세	일생을 마침.